철학적 수채화

철학적 수채화

소홍렬 지음

서광사

철학적 수채화

소홍렬 지음

펴낸이—김신혁, 이숙
펴낸곳—도서출판 서광사
출판등록일—1977. 6. 30.
출판등록번호—제406-2006-000010호

(413-756) 경기도 파주시 교하읍 문발리 534-1
대표전화 · (031) 955-4331 / 팩시밀리 · (031) 955-4336
E-mail · phil6161@chol.com
http://www.seokwangsa.co.kr   http://www.seokwangsa.kr

제1판 제1쇄 펴낸날 · 2009년 1월 30일

ISBN 978-89-306-0221-1   93100

| 머 | 리 | 말 |

한 폭의 수채화를 그리듯 쓴 글들이다. 두 시간 내지 세 시간 정도의 한 차례 작업으로 마칠 수 있었던 글들이다. 두 차례 작업을 필요로 했던 것들도 있었지만, 그 이상의 작업을 해야 했던 것은 예외적이었다. 생각을 정리하여 집중할 수 있었기 때문이다. 다른 일에 신경을 쓰지 않으면서, 충분한 마음의 준비를 갖춘 후에 집필을 할 수 있었기 때문이다.

여기 모은 '철학적 수채화'의 글들은 대부분 철학 강의의 자료로 제시된 것들이다. 철학 강의의 주제로 선택된 것들이며, 강의 내용을 집약하여 보여 주는 글들이다. 지식을 전하는 강의라면, 그 내용을 이런 방법으로 요약한다는 것이 불가능하다. 철학 강의는 지식을 전하는 것이 아니고, 하나의 주제에 대하여 생각하는 바를 제시하면서 시작해야 한다. 많은 자료의 제시가 아니라, 교수의 생각을 가능한 한 명쾌한 논리로 전개하여 수강자들이 함께 생각하도록 해야 하는 것이다.

어떤 철학 강의에서든 불필요한 말을 가능한 한 줄이기 위해서는 강의 내용을 글로 써야 한다는 것이 철학계의 일반적 인식이다. 글로 쓴 강의 내용을 복사해서 나누어 주면 수강자들은 받아쓰지 않아도 되는 여유를 누리면서 자신의 생각을 기록해 갈 수 있게 된다. 토론의 내용을 풍부하게 해 줄 수 있으며, 더 많은 사람들이 참여할 수 있게 해 준다.

철학 강의의 내용을 글로 써 본다는 것은 철학적 사유의 창의성과도 관련이 있다. 자신의 생각을 글로 표현해 보는 것은 그 생각의 독자성과 창의성을 위한 최선의 방법이라고 한다. 아무리 잘 정리된 생각일지라도 글을 쓰면서 다시 정리하고 전개해 보면 독자성이나 창의성에서 새로운 가능성을 찾을 수 있게 한다. 글쓰기가 창의력 개발에 가장 효과적인 방법이라는 것을 말해 준다. 철학 강의의 중요한 목표는 수강자들이 제각기 강의 주제에 대한 독자적 생각을 할 수 있게 하면서, 그런 생각을 글로써 정리해 보게 하자는 것이다. 글을 쓰면서 자신의 독자적 생각이 창의적 생각으로 발전하는 것도 체험할 수 있게 하자는 것이다. 또한, 강의하는 교수가 강의 내용을 글로 쓰는 것은 수강자들이 독자적이고 창의적인 글을 쓰게 하는 데 본보기가 되기 위함이다. 스승의 수채화가 제자들의 수채화에 본보기가 될 수 있는 것도 그런 관계일 것이다. 모방이 아닌, 독자성과 창의성으로 자신의 그림을 그릴 수 있도록 하자는 것이다.

'철학적 수채화'라고 한 여기 이 글들은 나의 철학 강의에서 많은 수강자들과 인연을 맺을 수 있게 해 준 자료들이다. 이 글들을 출판하여 세상에 알리고자 하는 것은 강의실 밖에서, 강의를 통한 직접적 관계는 아니지만, 더 많은 '수강자들'과 만나기 위함이다. 미지의 독자들, 미래의 독자들과도 여기 이 글들을 통하여, 나의 철학 강의를 들은 수강자들과 같은 인연을 맺을 수 있었으면 하는 마음이다.

2009년 1월

老盤 소흥렬

차례

3부 예술과 문학

4부 논리와 철학

1부
인생과 도덕

인생철학

'인생철학'은 철학적 인생관을 써 보기 위한 논의 주제이다. 철학적 인생관은 철학자의 인생관을 말하는 것이 아니다. 철학자가 되어야 한다는 전제가 불필요하고 불가능할 뿐 아니라, 철학자의 인생관이라고 할 수 있는 것은 사실 별 흥미가 없다. 철학자이면서도 흥미 있는 인생을 살아갈 수는 있으나 대부분의 철학자들은 그렇게 하지 못하고 있다. 철학적 인생관은 철학자가 아닌 모든 사람에게 해당될 수 있는 인생관이다. '철학적'이라고 하는 것은 어떤 사람의 어떤 인생관이든 철학적으로 음미해 볼 수 있다는 것을 의미하기 위함이다.

자신의 인생에 대하여 철학적으로 음미해 본다는 것은 인생의 의미를 물어본다는 것이다. 인생의 역사에 대한 의미를 물어보는 것이다. 과거의 역사, 현재의 역사, 그리고 미래의 역사로 자신의 인생을 나누어서 각각의 역사에 대한 의미를 물어보고, 의미를 찾는 생각을 해 보는 것이다. 과거의 인생, 현재의 인생, 미래의 인생에 대한 의미를 묻고, 의미를 찾는다는 것은 또한 하나의 인생으로서 각각의 의미들이 연결될 수 있음을 전제하는 것이다. 그런 연결 관계를 통하여 자기 인생을 전체로 볼 수 있게 하는 의미를 찾아 내게 된다는 뜻이다. 그런 의미를 찾게 될 때 그것은 자기 인생의 의미가 되고 자기 존재의 의미가 된다.

자기 존재의 의미가 되면서 자기 인생의 역사를 과거, 현재 그리고 미래로 연결시켜서 볼 수 있게 하는 의미는 삶의 목표를 말해 주고 삶의 의지를 새롭게 해 줄 수 있다. 하지만 삶의 현실과 미래적 가능성이 자신이 지향하는 바의 의미를 그대로 이루어 낼 수 있게 하지 않을 수 있다. 좌절하게 할 수 있다. 가능성을 의심하게 할 수 있다. 존재의 의미, 역사의 의미를 의심하게 할 수 있다. 회의주의에 빠지고, 비관주의에 빠지고, 패배주의에 빠지게 할 수 있다. 허무주의에 빠지게 할 수 있다. 삶의 의미를 음미해 보게 하는 철학은 그런 온갖 유혹에도 불구하고 존재의 의미와 역사의 의미를 찾게 하는 것이다. 스스로 그런 의미에 대하여 설득하게 하고 지향하게 하는 것이 인생을 철학적으로 음미해 보는 이유이다.

하지만 자신의 인생관을 말하고 그것을 글로 써 본다는 것은 쉬운 일이 아니다. 인생관이 없이 살아온 인생에 대하여 새삼스럽게 인생관을 말한다는 것이 이상할 수 있다. 아무런 인생관도 없이 그냥 살아가는 것이 자신의 인생관이라고 말하고 싶겠지만 그것은 궤변일 뿐이다. 가장 큰 문제는 자신의 인생을 자기 뜻대로 살아오지 못했다는 사실일 수 있다. 가족이라는 울타리 속에서 조건화되어 살아온 인생일 수 있다. 특정 종교가 제시하고 결정하는 인생을 충실히 순종하며 살아온 인생일 수 있다. 더 직접적인 문제로는 가난과의 싸움이 자기 인생의 전부였다는 생각을 하게 할 수도 있다. 자녀들을 위하여, 가족을 위하여 노동을 해야 했던 일이 자기 생애의 전부였다는 생각을 할 수 있다. 자신의 인생관을 생각해 볼 여유가 없었다는 뜻이다.

인생관을 쓴다는 것은 인생철학을 생각해 본다는 뜻이다. 자신의 인생을 철학적으로 음미해 본다는 것이다. 현실적으로는 제한조건들이 너무 많기 때문에 그런 철학적 음미가 사실상 무의미할 수 있다. 그러나 그럴수록 실제적으로는 무의미한 자신의 인생에 대하여 철학적 의미를 부여해 보자는 것이다. 철학적으로 의미부여를 하지 않아도 다른 의미의 존재가치를 찾을 수 있는 것도 사실이다. 하지만 철학적 의미로 자신의 생애를 평가해 보는 시도는 누구에게나 가능하고 필요하다.

환경적 조건이 허용하는 범위 안에서 흘러가는 대로 살아가는 것이 아니라, 가상적 · 희망적으로 자신의 의지를 중요한 요인으로 개입시키면서 살아 본다는 것이다. 지나간 생애의 여정에 대해서도 다른 가능성으로 재구성해 본다. 그런 가상적 과거가 가능하게 했을 현재의 상황도 그려 본다. 실제의 현재와 가상의 현재가 얼마나 어떻게 다른 것인지 비교해 본다. 가까이 있는 사람들의 변화를 통하여 도움을 받을 수 있는 길을 모색한다. 그런 변화가 자신의 미래만이 아니라 가족이나 친지 모두의 미래를 더 보람되게 할 수 있다는 계산을 해 본다.

철학이 있는 인생관은 철학이 있는 역사소설과도 같다. 한 개인의 인생을 과거와 현재와 미래로 이어 주는 역사로 보고 철학적으로 의미 있는 역사가 되도록 소설화한다는 것이다. 철학적으로 의미가 있는 소설이며 역사이기 때문에 그것은 하나의 이상(理想)으로 자신의 생애를 이끌어 줄 수 있는 것이다.

지혜의 한계

이 글을 위해 며칠째 구상을 하고 생각의 단편들을 모았다. 오늘 마음의 준비가 되어 글쓰기를 시작하려는데 1958년 이때의 일이 생각났다. 꼭 50년 전이었다. 크리스마스와 새해에 걸친 몇 주의 방학이었는데 아무 데도 가지 않고 대학 캠퍼스에 남아 외로운 결정을 해야만 했다. 건축학을 포기하고 철학으로 전공을 바꾸는 결정이었다. 일리노이대학교의 건축학과 장학생이었으므로 건축학을 포기하면 장학금도 없어지게 되어 있었다. 다행히 이미 받은 장학금은 학교로 돌려주지 않아도 된다고 했다. 철학으로 전공을 바꾸면서도 장학금을 받을 수 있기 위해서는 그곳을 떠나 미시간 주의 알마대학으로 옮겨 가야 했다. 어떤 앞날이 내게 닥쳐올 것인지를 전혀 예측할 수 없는 상황이었지만 외로운 결정을 내렸다. 내 생애에서 가장 중요한 결정이었다.

'콩다방'에서 커피를 받아 들고 이 글을 시작할 생각을 하고 있는데 "Bridge Over Troubled Water"와 "You Raise Me Up"이란 노래가 생각났다. 포항에 있을 때에도 이 노래들이 라디오에서 나오면 하염없이 눈물을 흘려야만 했다. 나에게는 그 어려운 유학생활에서도 그 험난한 강을 건너게 해 준 그런 다리가 없었다는 생각 때문이었다. 사람들이 오가는 명동의 '콩다방'인데 또 왈칵 눈물이 쏟아져 나와서 당황하게 했다.

나는 지난 50여 년의 내 생애를 지혜로 살아왔다는 생각을 했다. 철학자의 길을 걸어왔으므로 당연히 그럴 것이라고 생각했다. 그러나 최근 그런 나의 생각을 반성해 보기 시작했다. 지혜만으로는 해결할 수 없는 일, 지혜만으로는 다스릴 수 없는 일이 내 생애에도 있었다는 사실을 인정하게 되었다. 지혜로써 모든 일을 해결할 수 있었다면, 소크라테스가 독배를 마시지 않아도 되었을 것이다. 소크라테스의 부인이 악처라는 말을 듣지 않게 할 수도 있었을 것이다. 세상에는 철학자의 지혜가 무력하게 보이는 일들이 있다. 소크라테스의 지혜도 해결할 수 없는 일들이 있다.

나는 나의 유학생활이 어려웠다는 생각을 하지 않았다. 얼마나 고생이 많았느냐고 인사를 하는 사람에게도 별로 고생스럽지 않았노라고 답했다. 그런데 50년이 지난 지금 나의 유학생활을 다른 생각으로 돌이켜보게 되었다. 그 때의 위기상황들이 생각나는 것이다. 수없이 많은 역경과 고비들이 떠오르는 것이다. 함정이며 유혹이라고 판단했던 상황들도 상기되는 것이다.

지난 45년의 교수생활에서 내가 겪어야 했던 위기와 역경의 상황들은 당연하게 생각했다. 세상 사는 일이 그렇다고 생각할 수 있었다. 죽느냐, 사느냐를 생각하게 한 상황도 있었다. 싸우느냐, 후퇴하느냐를 선택하게 한 상황은 허다했다. 당장 보복을 하느냐, 아니면 더 좋은 기회를 노리느냐를 수없이 판단했어야 했다. 분노를 그대로 표출하느냐, 억제하느냐를 선택하는 것은 일상사의 일이라고 할 수 있다.

그런데 이런 위기의 상황들이 유학생활에서도 그대로 문제가 되었었다는 사실을 나는 오랜 세월 부정해 왔다. 억눌러 왔다. 지독하게 묻어 두었던 것이다. 그런 지독함이 45년의 교수생활에서도 그대로 살아 있었으며, 그것은 나의 유학생활에서 생긴 힘이라는 것을 이제는 인정하게 되었다. 유학생활은 또한 나에게 강인함을 심어 주었다. 반항할 수 있고, 저항할 수 있고, 투쟁할 수 있는 강인함을 말한다. 몸의 강인함을 바탕으로 하는 의지력의 강인함을 말한다. 어떻게 해서든 그 유학생활에서 살아남아야 한다는 생각이 만들어 낸 강인함이다. 그러면서도, 살아남기 위해서는 때때로 유연해야 함도 배웠다. 침착해야 함도 배웠다.

그때의 유학생활은 그야말로 살아남기 위한 투쟁이었다. 경제적 압박감이 문제가 되었다. 먹고 자고 공부하는 것은 장학금으로 해결할 수 있었으나 용돈이 없었다. 주머니의 17불은 그 다음 여름 아르바이트를 찾아갈 여비로 남겨 두어야 했다. 방학 동안에 한국을 다녀온다는 유학생은 없었다. 고향으로 부모에게 전화를 하는 유학생도 없었다. 돈이 없어서도 데이트를 할 수 없었다. 하지만 미국 학생과는 데이트도 하지 않고, 결혼은 물론 연애도 하지 않는다는 신념을 내세울 수 있어서 돈 문제를 숨길 수 있었다. 장학생이 되어야 하는 것이 필수조건이었으므로 성적을 무시할 수가 없었다. 긴장을 풀 수 없는 아슬아슬한 나날의 연속이었다. 미국 학생들이 즐기는 젊은 날을 옆에서 지켜보면서도 우리 유학생들은 전혀 다른 시공간을 살아야 했다. 어떻게 살아남을 것인가? 어떻게 성공해서 고국의 부모 형제들에게 보답할 수 있을 것인가?

유학생활이 힘들었다는 것을 인정하면 꼭 생각나는 두 선배가 있다. 미국서 만난 선배들이었다. 한 사람은 서울에서, 또 한 사람은 대구에서 고등학교를 졸업하고 유학 온, 참으로 우수한 선배들이었다. 꼭 성공해서 훌륭한 지도자가 되어 돌아갈 것이라는 믿음을 주었던 선배들이었다. 그런 선배들이 유학생활에서 살아남지 못했다는 것이다. 내가 한국에 돌아와서 들은 이야기였다. 두 사람 다 정신이상으로 유학생활을 계속하지 못하게 되자 강제 송환이 되어 사라졌다는 것이었다. 차라리 미국 생활에 타협하고, 미국 학생과 연애도 하고 결혼도 해서 살아남는 길을 택할 수도 있었을 텐데, 그 두 선배의 경우 자존심이 허락하지 않았을 것이다. 너무 순수했기 때문이었을 것이다. 두 사람 다 독실한 기독교 신자였다.

내가 미시간대학교 대학원에서 철학을 전공할 때였던 것 같다. 가까이에서 내 생활을 지켜보던 미국 친구가 "왜 수도승(monk)처럼 살아가느냐?"고 물어본 적이 있었다. 나는 대답을 하지 않았다. 그러나 그의 관찰이 그럴듯하다고 생각했다. 나는 어느새 수도승이 되어 있었다는 뜻이었다. 유학생활에서 살아남는 길이었다. 기독교 신앙의 힘이 아니라, 수도승 같은 수행의 길이 나를 살아남게 했다는 것이다. 욕심을 내지 말자고 다짐

했다. 서두르지 말자고 했다. 어떤 경우에든 분개하지 말고, 흥분하지 말자고 스스로를 설득했다. 나는 수도승처럼 지독하게 되어 갔다. 강인하게 되어 갔다. 유연함과 침착함을 몸에 익히게 되었다. 나를 유학생활에서 살아남을 수 있게 해 준 힘이었다. 귀국 후 45년간의 교수생활에서 온갖 위기와 역경을, 온갖 고비와 함정을 이겨 낼 수 있게 한 힘이었다.

지혜가 필요 없다는 뜻은 아니다. 살아남기 위해서도, 살아가기 위해서도 누구에게나 지혜가 필요하다. 하지만 상황이 위기로 바뀌면 우선 그 상황을 견디면서 이겨 내게 하는 힘이 있어야 한다는 것이다. 지혜는 그런 위기상황을 벗어난 후에 현실을 판단하고 새로운 길을 열어 주는 단계에서 필요하다는 것이다. 유학생활에서는 그런 여유를 느낄 수 없을 정도로 절박한 상황이 이어졌으므로 지혜가 문제해결을 가능하게 했다는 생각을 해 본 적이 없다. 하지만 지금 돌이켜 생각해 보면 유학생활에서의 몇 가지 중요한 판단과 결정에는 역시 지혜가 필요했으며 중요했다는 것을 인정하게 된다.

유학생활의 고통은 성장의 짐이 주는 고통이다. 그 고통이 의미 있는 고통이 되게 하는 것은 성장을 위한 유학생활이라는 판단이다. 고통스러운 유학생활이 무의미하게 끝날 수도 있다. 허무하게 중단될 수도 있다. 목적했던 성장에는 미치지 못하는 실패로 끝날 수도 있는 것이다.

내가 건축학을 포기하고 철학의 길을 택한 것은 건축학도로서의 성장 가능성을 의심했기 때문이었다. 건축학도로서 필요한 문화적 체험과 교육이 내게는 없었던 것이다. 성장과정에서 동료 미국 학생들과는 너무 다른 문화적 결핍을 겪지 않을 수 없었다는 것을 인식하게 되었다. 그러나 철학 도로서는 계속 성장할 수 있으리라고 믿었다. 일제시대에 국민학교를 시작해서 해방 후의 사상적 혼란기를 살았으며, 한국전쟁의 시대를 겪은 우리 세대는 정신적으로 일찍 성숙해질 수밖에 없었다. 고등학교를 졸업하고 미국 유학을 갔는데 그때 대학에서 만난 미국 학생들이 아주 미숙하다는 생각을 하게 된 것이 그런 우리 세대의 '불행'을 말해 준다. 건축학에서 철학으로 바꾼 나의 결정은 지혜로운 선택이었다.

프린스톤신학교의 3년 과정을 한 해로 중단하고 미시간의 대학원 철학과로 옮겨 간 것도 지혜가 필요한 결정이었다. 본래는 신학 3년을 마친 후 철학 3년 정도로 박사학위를 해서 '철학적 신학'을 전공하는 사람이 되고자 하는 계획이었다. 그런데 프린스톤신학교에서의 교육은 주로 성직자를 위한 것이었다. 성직자, 특히 개신교의 목사에게 필요한 연기능력과 경영능력을 훈련시키는 교육이었다. 그곳 출신들이 미국에서도 유능한 목사가 되어 '성직자 노릇'을 잘하고 있다는 사실과 그곳 출신의 한국 목사들도 그런 유능함을 잘 보이고 있다는 사실은 그런 교육의 힘을 말해 준다. 하지만 나의 꿈은 그런 성직자가 되는 것이 아니었다. 신학에 관심이 있고 종교에 관심이 있었지만, 나는 기본적으로 철학자가 되고 싶었던 것이다. 결과적으로, 나 자신의 성장을 위한 최선의 선택이었다는 판단을 할 수 있으므로 그것 또한 지혜로운 선택이었다고 할 수 있다.

유학생활의 고통이 성장의 짐 때문이었다면, 교수생활에서의 고통은 역사의 짐 때문이었다고 해야 할 것이다. 역사의 짐은 모든 역사가 고통을 수반한다는 의미의 짐을 말한다. 역사적으로 변하는 것에는 고통이 따르게 되어 있다는 것이다. 문제는 그런 고통의 역사가 발전의 역사이냐, 퇴보의 역사이냐라는 데 있다. 고통이 역사의 발전에 무의미할 수 있다는 것이다. 역사를 역행하게 할 수도 있다는 것이다. 역사를 발전하게 하는 고통은 지혜를 필요로 한다. 그 역사를 책임지고 참여하는 인간의 능력이 필요하며, 그것이 곧 역사의 짐을 의미 있게 하는 지혜라는 것이다.

철학교수로서 지난 45년간 내가 겪어야 했던 고통은 역사의 짐이었다. 나는 그런 고통이 의미 있는 고통이 되어야 한다는 생각을 한순간도 잊은 적이 없었다. 그것은 대학의 발전을 위한 고통으로 의미가 있었던 것이다. 지성인으로서 우리 역사에 참여하는 의미의 고통이었다. 철학 강의를 열심히 듣는 나의 학생들에게는 성장의 짐이 되는 고통을 가르쳐 주고 싶었다. 자신의 고통이 성장을 위한 고통으로서 의미 있게 될 수 있다는 것을 가르쳐 주고 싶었다. 그런 선택과 결정의 지혜를 가르쳐 주고 싶었다. 그렇게 성장한 그들이 나중에 우리 역사의 짐을 지는 지혜를 배울 수 있게 도와주고자 했다.

영원한 진리를 아는 것이 지혜라고 생각하기 쉽다. 그러나 그런 지식은 구체적이고 현실적인 성장의 짐이나 역사의 짐에 아무런 도움도 주지 못하는 관념이 되어 버릴 수 있다. 지혜를 가르친다는 철학이 빠질 수 있는 관념화의 오류이다. 성장의 고통이나 역사의 고통을 의미 있는 고통이 되게 해 줄 수 있는 지혜는 철저한 현실이해로 시작되어야 한다. 강한 현실감각으로 시작되어야 한다. 무엇이 성장의 고통이며, 무엇이 역사의 고통인가를 이해하면서 그것을 의미 있는 고통이 되게 하는 길을 열어 주는 것이 지혜이다. 고정된 생각이나 반복되는 생각에서는 나올 수 없는 것이 지혜이다. 언제나 새로운 생각으로 새로운 문제 상황에 대처하는 철학이 가능하게 하는 지혜이다. 매일의 철학 강의이지만 그런 지혜가 번뜩이는 강의가 될 때 그것은 지혜의 힘을 보여 주는, 살아 있는 강의가 된다.

그런 생각을 위해, 그런 생각으로 매시간 강의를 준비해야 했던 나에게 그런 생각을 방해하는 온갖 일들은 가장 고통스러운 짐이었다.

예수, 노자, 소크라테스, 붓다

예수는 내게 역사적 사건의 의미를 이해할 수 있게 해 주었다. 우리가 겪는 사건들 중에는 역사적 의미를 지닌 사건들이 있다는 것이다. 역사가 필요로 하는 사건들이라고 할 수 있다. 인간이 참여하여 일어나는 사건이지만 그것이 역사가 필요로 한 사건이라는 것을 그 사건에 관여하는 사람들도 제대로 이해하지 못할 수 있다는 것이다. 특히, 그런 역사적 사건은 개인이나 집단의 희생을 요구할 수도 있는데, 왜 특정 개인이나 집단이 희생을 당해야 하는지도 그 사건이 일어날 당시에는 충분히 이해할 수 없는 경우가 있다는 것이다. 예수의 십자가가 그런 희생이었고, 그런 역사적 사건이었다. 예수 자신은 십자가를 지는 희생의 역사적 의미를 이해했었을 것이다. 역사가 필요로 하는 사건이라는 것을 이해하면서 받아들였을 것이다. 예수가 내게 가르쳐 준 것은 그런 역사적 사건의 의미이며, 십자가를 지는 역사적 참여, 역사적 행위의 의미였다.

노자는 내게 자연주의자가 되게 하는 길을 열어 주었다. 철학으로 전공을 바꾼 후 동양철학의 고전을 나 스스로 공부해 보겠다고 하면서 영어로 번역된 《도덕경》을 접했다. 한자 원문이 함께 있어서 이해에 도움이 되었다. 열 가지 정도의 영어 번역본이 있다는 사실도 이해에 도움을 주었다. 기독교 가정에서 자라났고, 기독교 계통의 중고등학교를 졸업하고, 기독교 대학으로 유학을 왔었기 때문에 기독교 신앙의 바탕을 떠난다는 것은 사실상 불가능했다. 노자는 그런 나에게 기독교 신관에 대한 비판적 견해를 갖게 했다. 자연주의를 바탕으로 하면서 하느님 문제를 다시 생각해 보게 한 것이다. 기독교 신관에 대한 철학적 비판을 이해할 수 있었다. 유대교 신관을 비판하고 파문을 당한 철학자 스피노자를 이해할 수 있었다. 노자를 내 마음의 스승으로 받아들이면서 나는 자연주의자가 되었다. '노반(老盤)'이라는 아호를 선택한 것도 노자와의 관계 때문이었다. 이화여대로 옮겨 간 직후 어느 날 꿈에 노자를 만난 것은 참으로 이상한 체험이었다. 노자의 자연주의를 받아들인 내가 기독교 대학인 이화여대에서 할 수 있는 일의 한계를 예고하는 꿈이었다.

소크라테스는 내게 철학자의 길을 보여 주었다. 철학 강의를 시작하면서 점점 더 나는 소크라테스의 역할을 하게 된 철학자임을 확인해 갔다. 논리학의 바탕과 분석철학의 배경은 어떤 철학적 대화에서든 소크라테스의 역할을 할 수 있게 해 주었다. 게다가 대화의 시간에 상관없이 끝까지 버티어 낼 수 있게 해 준 신체적 조건 또한 소크라테스를 닮은 것이라고 생각했다. 철학으로 젊은이들을 타락시킨다는 이유로 정치적 재판의 희생자가 되었던 소크라테스의 선택도 내가 선택할 수 있는 길이었다. 철학 강의는 지금도 권력자의 입장에서 볼 때는 젊은이들을 타락시키는 강의가 되어야 한다고 생각한다. '철인왕'이나 '철학자-통치자'를 제안한 플라톤은 소크라테스의 철학과는 무관한 선택을 했다고 생각한다. 소크라테스가 우리나라에 오면 '소 선생'이 되어야 하므로 나는 그런 소크라테스의 후예라고 생각할 때가 많다. 소크라테스의 역할을 하게 되는 나 자신을 의식할 때는 소크라테스의 환생을 생각해 보기도 한다.

붓다와의 만남은 내 생애를 위한 또 하나의 기석이었다. 수산 스님을 계명대학에 모셔 와 특강을 하게 한 것이 처음 인연이었다. 기독교 대학인 계명대학 내에서는 반대 의견이 있었지만 나는 자연스럽게 생각했다. 서옹 큰스님이 처가 쪽으로 가까운 어른이셨던 것도 큰 인연이었다. 중앙승가대학에서 철학과 논리학을 강의한 것도 우연한 인연이었으며, 그것이 계기가 되어 종림 스님, 현응 스님, 현기 스님을 비롯하여 몇몇 스님들과 인연을 맺게 된 것 또한 내 생애 최고의 선물이 되었다. 그들과의 인연을 통하여 나는 붓다와 만나는 특이한 체험을 시작할 수 있었다. 연세대와 이화여대에 재직하는 동안 계속된 나의 체험이었지만 기독교 대학의 교수라는 사실이 내게는 문제가 되지 않았다. 하지만 언제부터인가 "나는 기독교를 졸업했다"고 하면서도 기독교 대학에 재직하고 있다는 사실을 의식하지 않을 수는 없었던 것 같다. 이화여대에서 포항공대로 옮겨 가면서 비로소 기독교적 분위기로부터 자유로워지는 것을 느끼게 되었으며, 붓다에 대한 나의 관심도 더 깊어지기 시작했기 때문이다. 붓다를 만나는 꿈을 꾼 것도 포항공대로 옮겨 간 후였다. 꿈에서는 붓다가 특별히 나를 찾아와 주었지만, 그것이 의미하는 바는 붓다를 찾아가는 나의 순례, 나의 수행이 의미 있는 것임을 인정해 주는 확인이었다. 붓다는 이제 나의 생애를 하나의 작품으로 완성해 가는 수행의 길에서 이상(理想)과 목표로 존재한다. 붓다는 완성도를 지향하는 삶의 길을 가르쳐 준다. 자신의 삶을 완성해 가면서 다른 사람들의 삶을 도와서 완성도를 높여 갈 수 있게 해 주는 것이 붓다의 길이다. 하느님의 완전성이나 이데아 세계의 완전성을 믿고 희망하게 하는 것이 아니다. 결국은 불완전하게 끝날 인생의 여정이지만, 예술가가 작품의 완성도를 지향하는 노력을 멈추지 못하듯이 끊임없이 완성도를 추구하게 하는 생애의 길을 보여 주는 붓다이다.

글쓰기 수행

글쓰기 공부를 수도자가 수행을 하듯이 하라는 것은 '글쓰기 수행'의 소극적 의미이다. 여기서는 더 적극적인 의미의 '글쓰기 수행'을 말하고자 한다. 글쓰기가 또 하나의 수행방법이 될 수 있다는 것이다. 글쓰기를 통하여 수도자가 성취하는 깨달음이나 자기 성장 또는 자아 발견을 이루어 낼 수 있다는 것이다. 수행을 통한 성취가 수도자에게만 제한된 것도 아니다. 수도자의 고행과 마찬가지로 예술가의 고뇌와 철학자의 고민도 수행의 과정이며 수행의 방법이 될 수 있다. 고통의 과정을 거부하지 않고 창조적인 작업으로 승화시켜 가는 것이 종교적 수행이고, 예술적 수행이며, 또한 철학적 수행이다.

글쓰기가 이러한 수행의 힘, 수행의 효과를 갖는다는 것은 예컨대, 고통의 문제를 창조적으로 승화시킬 수 있는 데서도 나타난다. 고통의 문제를 종교적으로 해결하고자 하는 것은 누구에게나 익숙한 방법이다. 도저히 이겨 낼 수 없는 고통, 미치게 할 것 같은 고통을 당했을 때 사람들은 종교적 방법으로 그 고통을 이겨 내게 하는 힘을 구한다. 수도자의 길로 들어가 버리는 사람들도 있고, 잠시나마 수행의 길에 동참함으로써 그 고통을 이겨 내는 사람들도 있다. 글쓰기가 그런 수행의 방법이 될 수 있다는 것은 글쓰기를 통하여서도 그런 고통을 이겨 내는 힘을 얻을 수 있다는 것이다. 글쓰기가 종교적 수행을 대신할 수도 있고, 예술적 수행 또는 철학적 수행을 대신할 수도 있기 때문이다. 문제는 창조적 글쓰기가 되어야 한다는 데 있다. 고통을 창조적 작업으로 승화시킬 수 있어야 하기 때문이다.

글쓰기가 창조적 작업이 될 수 있다는 것은 문학에서의 창작이 말해 준다. 하지만 문학적 창작의 수준까지 이르지는 못하더라도 글쓰기 교육이 창의력 개발에 미치는 영향이 글쓰기의 창조적 의미를 말해 준다. 창의력 개발에서 가장 중요한 교육 방법은 글쓰기라고 한다. 수학이나 다른 분야의 학문적 교육보다 글쓰기가 가장 유효한 창의력 교육의 방법이라는 것이다. 아마 글쓰기는 가장 폭넓게, 가장 깊이 있게 자신의 사유세계를 표현할 수 있기 때문일 것이다. 그런 글쓰기에 비교해 볼 때, 예컨대 수학 문제를 풀어 보는 학습은 계산적 사유로 제한되어 있다. 연역논리로 제한되어 있다는 뜻이다. 그 반면, 글쓰기의 논리는 연역논리로 제한될 수가 없다.

글쓰기가 창의적일 수 있는 것은 다양한 논리를 적용하면서도 정서적 표현을 할 수 있기 때문이다. 정서적 글쓰기만으로는 창의적일 수 없다.

감상적인 글이 되어 버릴 수 있다. 글쓰기에서의 창의력은 정서적 표현을 하면서도 그것에 맞는 논리를 선택하여 논리적 전개를 해 주는 데서 찾을 수 있다. 정서에도 논리가 있다는 것을 가정한다면, 그런 정서의 논리와 이성의 논리가 서로 부합되게 하는 구조의 글에서 창의성이 실현된다는 것이다.

그런데 논리는 기술이다. 논리의 힘은 기술의 힘이다. 그런 논리의 힘이 지배하고, 그런 논리에 멈추게 되면 기술적이고 기교적인 글이 된다. 예술적으로 창조적인 글이 되지 못한다. 글쓰기의 예술이 되어야 하는데, 글쓰기의 기술에 멈출 수 있다는 것이다. 음악이나 미술에서 흔히 볼 수 있는 기술과 예술의 혼동이다. 진짜와 가짜를 구별하게 하는 문제이다. 기교로 장난치는 것과 예술 창작은 다르다. 상품적 가치로 장사하는 것과 예술작품으로 평가하는 것은 다르다. 장삿속으로 사기 치는 것과 예술작품으로 평가하는 것은 엄격히 구별되어야 한다. 글쓰기에서도 예술적 창작을 지향해야 한다. 기교적 · 기술적 차원을 넘어서면서 예술적 창작을 추구해야 한다. 대중적 · 상품적 가치의 글에는 무관심해야 한다.

창조적 글쓰기는 수행의 과정이다. 고통을 창조작업으로 승화시켜 가는 수행이다. 그런 수행의 과정에서 가장 중요한 것은 자신의 마음이 성숙해 가는 모습이다. 글쓰기의 과정은 그런 마음의 성숙을 보여 준다. 창조적인 글 한편 한편이 그런 마음의 단면을 보여 준다. 마음이 세상을 보는 모습을 보여 준다. 인간역사에서 일어나는 온갖 문제에 대하여 자신의 마음이 종교적으로, 문학적으로, 또는 철학적으로 반응하는 모습을 보여 준다. 수행으로서의 글쓰기가 어느 단계에 이르면, 수도자의 고행이나 예술가의 고뇌, 또는 철학자의 고민을 감동이 있는 글로, 아름다움을 더해 주는 글로 표현될 수 있다는 것이다.

글쓰기가 수행의 과정이고 수행의 방법이라는 의미에서 또 한 가지 중요한 것은 글쓰기를 통하여 자신을 발견할 수 있다는 데 있다. 자기를 찾을 수 있고, 자기를 찾아가는 수행이 될 수 있다는 것이다. 그런데 글쓰기의 수행이 무엇보다 잘 보여 줄 수 있는 것은, 그렇게 찾아가는 자아가 고정된 자아도 아니고 완성된 자아도 아니라는 것이다. 역사 속에서 살아 있는 자아는 성장하는 자아이다. 그러나 성장을 멈추고 고정될 수도 있다. 성장을 거부할 수도 있다. 역사의 변화에 적응해야 하는 자아를 고정시킴으로써 적응력을 상실하게 할 수도 있다. 하지만 그것은 자아를 잘못 보는 것이다. 자아의 성장가능성을 무시하는 것이다. 종교적 수행의 과정이 끝날 수 없다는 사실을 부정하는 것과 같다. 죽을 때까지 공부해야 하고, 죽을 때까지 수행해야 한다는 사실을 거부하는 것과 같다.

글쓰기로 수행을 한다는 것은 창조적인 작업을 통하여 끊임없이 자신을 성장하게 하고 성숙하게 한다는 것이다. 자신의 글을 통하여 성장하고 있는 자신을 볼 수 있기 때문에 자신을 용서할 수 있다. 자신에 대하여 언제나 새로운 믿음을 가져 볼 수 있다. 또한, 창조적 글쓰기로 성장해 가는 수행의 과정에서는 얼마나 빠르게 성장해 가느냐가 문제시 되지 않는다. 수행의 속도를 문제시할 이유가 없다. 꾸준히 수행해 가는 것이 중요하다. 창조적인 글쓰기를 멈추지 않는 것이 중요하다.

이런 글쓰기 수행에서 꼭 필요하고 중요한 일은 좋은 수도자를 만나고, 좋은 예술가를 만나고, 좋은 철학자를 만나는 것이다. 그러면서 자신의 글쓰기 수행이 어느 수준에 이르렀을 때는 창조적 글쓰기로 수행하고자 하는 제자들에게 좋은 수도자로서, 좋은 예술가로서, 또는 좋은 철학자로서 도움을 줄 수 있어야 한다. 도제식 교육으로 도움을 주는 글쓰기의 스승이 될 수 있어야 한다.

도덕철학

'도덕철학'이라면 학교에서 가르치는 '도덕'이나 '윤리' 과목을 생각하게 한다. 철학자들이 담당하는 과목이므로 도덕철학이라고 생각하게 한다. 그러나 '도덕철학'을 '도덕교육'과 구별해 보면 문제가 생긴다. 학교에서 가르치는 '도덕'이나 '윤리'는 꼭 철학자가 가르치는 것도 아니다. 철학자가 가르치는 경우도 있으나 꼭 그렇게 해야 하는 것은 아니다. '도덕교육'과 '도덕철학'을 구별하는 문제를 다시 생각해 보자.

학교에서 가르치는 '논리학'이나 '철학' 과목은 철학자가 담당하기로 되어 있다. 논리적 사유의 능력을 가르치는 것이며, '철학'에서도 비판적으로 사유하는 능력을 주로 가르친다. 그 반면, 도덕교육이라고 할 때는 그 시대, 그 사회가 받아들이는 도덕규범을 가르치고자 하는 것이다. 도덕교육에서는 비판적 사유를 가르치지도 않으며 허용하지도 않는다. 기성세대의 도덕관을 젊은 세대에게 주입시키는 교육이라고 할 수 있다. 따라서 '논리학'이나 '철학'을 가르치는 철학자가 그런 도덕교육을 담당하고 있다면 갈등이 일어날 수밖에 없다. 비판적으로 사유할 것을 가르치면서 도덕교육에서는 그런 비판을 허용하지 않는다면 문제가 될 수밖에 없다. '도덕철학'을 철학의 한 분야로 생각한다면, 그것은 '도덕교육'과 구별되어야 한다. 기존 사회의 도덕관을 주입시키는 도덕교육은 철학자가 담당할 과목이 아니다. '논리학'이나 '철학'을 담당하는 철학자라면 '도덕'이나 '윤리'라는 도덕교육 과목을 함께 담당할 수가 없다는 뜻이다.

도덕교육을 의미하는 '도덕'이나 '윤리'가 과연 필요한 과목인가를 문제시할 수 있다. 기성세대의 도덕관이나 윤리관은 모든 학과목을 통해서 전달될 수 있다. 사실상 주입이 되고 있는 것이다. '도덕'이나 '윤리'라고 하는 도덕교육의 과목은 학문적 성격을 갖기 어렵다. 교훈이나 급훈 정도의 내용이라고 해야 할 것이므로 그런 도덕교육의 과목을 배우고, 그것으로 시험을 보고, 성적을 평가한다는 것은 필요 없는 일이다. 도덕교육에서 학생 개개인이 성취하고 성장한 바를 측정하고 평가한다는 것은 불가능할 수도 있다. 도덕교육으로서의 '도덕'과 '윤리' 과목은 없어져야 마땅하다고 할 것이다.

그런 도덕교육과 비슷한 성격의 과목으로 만든 것이 '국민윤리'였다. 도덕교육과 이념교육을 혼합한 과목이었으며, 혼란을 유도하기 위한 과목이었다고 할 수 있다. 그런 '국민윤리' 과목을 정치적으로, 권력유지의 수단과 군사혁명의 정당화 수단으로 설정하는 일에도 철학자들이 참여했다.

주도적인 역할을 했다. '국민윤리'는 어용윤리였으며, 그런 과목을 만들어 내는 것은 어용학자의 노릇이라는 것을 알면서도 그 일에 철학자들이 참여하게 된 것은 서양철학의 윤리사상과 동양철학의 유교사상이 그런 어용윤리 또는 이념적 윤리의 의미를 내포하고 있었기 때문이다.

현대 서양철학의 윤리사상은 공리주의와 평등주의 그리고 법치주의로 요약될 수 있다. 공리주의는 자본주의의 윤리라고 할 수 있다. 평등주의는 사회 정의를 주장하는 사회주의의 윤리라고 할 수 있다. 법치주의는 어떤 형태의 보수주의와도 통하는, 즉 실정법에 의한 질서를 우선시하는 보수주의의 윤리라고 할 수 있다. 이런 서양철학의 윤리사상에 익숙한 철학자들은 '국민윤리'의 이념적 성향을 당연시 할 수 있었던 것이다.

한편, 유교윤리를 우리의 전통윤리로 생각해 온 동양철학자들에게는 그런 유교윤리를 '국민윤리'로 다시 확인하고 실현할 수 있는 계기로 '국민윤리'의 설정을 받아들였기 때문에 아무런 문제의식이 없었다. 유교윤리는 어용윤리의 성격을 가진 것으로 당연시되었던 것이다. 유교윤리는 본래 일종의 '국민윤리'였다는 생각을 한 것이었다. 그러나 그것이 어떤 의도의 국민윤리로 권력자에 의해 제안된 것이었느냐에 대한 고려가 없었다.

전통적 유교윤리는 자본주의적 공리주의와 맞게 재해석될 수 있다. 사회주의적 평등주의와도 조화로울 수 있게 재해석될 수도 있다. 오늘의 중국이 시도하고 있는 유교사상의 현대적 해석이다. 물론, 유교윤리는 또한 어떤 보수주의적 법치주의로 해석될 수도 있다.

다시 도덕교육과 도덕철학의 구별문제로 돌아가 볼 때, 도덕교육의 문제는 철학의 문제라기보다는 종교의 문제라고 보는 것이 타당할 것 같다. 학교교육이 담당하는 도덕교육보다도 종교가 담당하고 책임지는 도덕교육이 더 바람직할 수 있다는 것이다. 예컨대, '국민윤리'와 같은 어용윤리를 학교교육에서 거부하기는 어렵다. 하지만 종교가 책임지는 윤리교육에 대해서는 정치권력의 간섭이 불가능하게 할 수 있다.

도덕교육을 종교가 책임지는 것으로 할 때 도덕철학은 그런 도덕교육에 대하여 비판적 역할을 하는 철학 본연의 분야로 돌아오게 할 수 있다. 유교윤리에 대한 현대적 해석을 해 주는 도덕철학이 될 수 있다. 기독교윤리를 비판적으로 평가해 주고, 불교윤리를 현대적으로 재해석해 주는 도덕철학이 될 수 있다.

도덕철학은 정치적 이념에 예속되고 어용되는 철학이 아닌 비판적 철학으로 남아 있어야 한다. 소크라테스가 되어 정치적 재판의 희생자가 될 각오를 할 수 있어야 한다. 도덕철학은 또한 종교적 윤리에 대해서도 언제나 비판할 수 있는 입장을 견지해야 한다. 철학의 종교화를 거부할 수 있어야 한다. 종교화를 통하여 더 효과적인 윤리교육을 책임질 수 있다는 사실을 인정하면서도 철학의 비판적 역할을 지켜 갈 수 있어야 한다. 종교의 교주가 될 수 없었던 소크라테스의 역할과 운명을 지켜 갈 수 있어야 한다. 공자나 붓다나 예수가 선택한 길이 소크라테스의 길과는 다르다는 사실을 중요시하면서 도덕철학을 철학의 한 영역으로 지켜갈 수 있어야 한다.

도덕적 인간, 도덕적 문제

온갖 언론매체들을 통해 세상 돌아가는 이야기를 듣다가 가끔 느끼는 바가 있다. "저런 사람은 왜 빨리 죽지 않을까?" 많은 사람들을 괴롭히고 불행하게 하면서도 뻔뻔스럽게 살아가는 사람을 말한다. 말을 함부로 내뱉어서 듣는 사람들의 속을 뒤집어 놓는 사람을 말한다. 차라리 없어져 주면 우리 사회가 더 조용해지고 더 행복해질 것 같은 그런 사람을 말한다. 말하자면, 도덕적 판단을 해 볼 때 우리 사회에서의 존재가치나 존재이유를 인정할 수 없는 사람이라는 뜻이다.

한 인간에 대한 도덕적 판단을 내린다는 것은 결코 쉬운 일이 아니다. '저런 사람은 왜 빨리 죽지 않을까?'라는 생각이 들 때가 있지만, 곧 그런 생각에 대한 반성을 해 보게 된다. 어떤 기준에 근거한 도덕적 판단일까? 그런 도덕적 판단의 기준은 타당한 것일까? 개인적 감정의 문제와는 상관

없는 판단이라고 할지라도 주관적 편견이 작용할 수 있는 것은 아닌가?

하나의 사회를 형성하여 살아가는 우리는 모두 도덕적 인간이 될 수밖에 없다. 도덕적 질서를 필요로 하는 인간사회이기 때문이다. 그러나 어떤 도덕적 질서가 지켜지는 사회인가를 물어보면 해답이 명확하지 않다. 우리 사회를 유교적 도덕질서의 사회로 생각하는 사람들이 많을 것이다. 하지만 유교적 도덕질서로 지켜 가기에는 우리 사회가 너무 많이 변했다. 종교적으로도 불교와 기독교가 영향을 미치고 있다. 산업사회로의 발전은 그것에 맞는 윤리관과 도덕질서를 요구하고 있다. 문화적으로도 전통문화의 바탕을 지켜 가면서 새로운 문화 창조가 끊임없이 일어나고 있다. 이념적 갈등과 선택의 문제도 도덕질서의 변화를 불가피하게 하고 있다.

도덕질서에 관련된 이런 문제 상황을 전제할 때 도대체 어떤 기준으로 한 인간을 도덕적으로 판단할 수 있다는 것인가? 나 자신을 들여다보면서 몇 가지 덕목들을 생각해 본다. 종교적 관심과 윤리학적 문제의식이 영향을 미치고 있는 내 마음 속의 덕목들임을 인정하지 않을 수 없다.

첫째, 사랑의 덕목이 있다. '사랑'이란 말이 너무 넓게 쓰이고 있기 때문에, 덕목으로서의 '사랑'을 제한할 수밖에 없다. 나는 여기서 '기독교적 사랑' 또는 '십자가의 사랑'으로 이해하고자 한다. 십자가를 지는 자기희생으로 표현되는 사랑을 말하는 것이다. 십자가의 사랑을 약하게 이해하면 '섬김의 미덕'이 된다. 아랫사람이 윗사람을 섬기는 것도 되고, 윗사람이 아랫사람을 섬기는 것도 된다. 유교윤리에서 말하는 인(仁), 효(孝), 충

(忠), 예(禮)의 덕목을 포함하여 이해할 수도 있을 것이다. 그러나 '사랑'이란 개념은 불행하게도 대상을 소유하고 지배하고자 하는 감정을 수반하는 의미를 가지고 있으므로 자기희생이나 섬김과는 무관한 위선적 개념이 될 수 있다. 사랑이 증오로 바뀔 수 있다는 것도 문제가 된다. 기독교의 십자가를 내세우면서 범한 온갖 역사적 범죄가 그런 문제를 말해 준다.

둘째, 자비의 덕목이 있다. 남들의 고통을 자신의 고통처럼 느낄 수 있는 마음씨를 말한다. 불교의 수도승들과 대화를 하면서 느끼게 되는 자비심이다. 수도자의 길을 선택하지 않은 세속의 사람들에게도 가능한 자비심이라고 한다. 하지만 우리의 세상은 점점 더 메말라 가고 있다. 남의 고통에 대해서는 무감각한 듯한 사람들이 있다. 무관심한 사람들도 많다. 남에게 이유 없는 고통을 주는 사람들이 많아지고 있다는 사실은 인간이 더 사악해지고 있음을 말해 주는 것 같다. 자비심 따위는 상상할 수조차 없다고 하는 잔인무도한 범죄가 늘어나고 있다. 그런 범죄자에게 자비를 베풀어 그 죄를 용서해 준다는 것은 문제해결에 아무런 도움이 되지 못한다. 우리 사회의 도덕적 문제에 도움이 되지 못한다는 것이다. 그런 범죄자의 마음에도 남의 고통을 느낄 수 있는 자비심이 살아나게 함으로써 가해행위를 스스로 자제할 수 있을 때 비로소 자비의 덕목으로 개선되는 도덕질서가 가능할 것이다.

셋째, 공평(公平)의 덕목이 있다. 불평등의 현상을 당연시하지 않는 마음을 말한다. 불평등하게 태어나는 사람들이 있다. 불평등한 환경조건에서 제대로 성장하지 못하는 사람들이 있다. 성차별을 받는 사람들이 있다. 학벌로 차별을 받는 사람들이 있다. 지역차별을 받는 사람들이 있다. 차별을 당하는 사람의 입장에서는 언제나 공평을 의식하게 되어 있다. 하지만 차별을 하는 위치에 있는 사람들은 불공평과 차별을 당연시할 수 있다. 정당한 불공평, 정당한 불평등이란 어떤 것일까? 그런 정당화의 기준은 무엇일까? 공평화를 지향하는 마음과 불공평을 조장하는 마음, 차별화를 당연시하는 마음은 도덕적 판단에서 엄연히 구별될 수 있어야 할 것이다. 불공평과 차별에서 유리한 입장에 있는 사람들에게 공평의식은 중요한 덕목이 되어야 한다.

넷째, 공정(公正)의 덕목이 있다. 공평을 지향하면서도 공정해야 한다. 능력의 차이를 인정해야 하고, 업적의 차이를 인정해야 한다. 공정한 평가에 의한 보상을 해 주지 않으면 사회 전체를 위한 능력과 업적을 중요시할 수가 없다. 공평에 어긋나지 않으면서 공정을 추구한다는 것은 어려운 일이다. 기계적인 판단기준은 없다. 공평에 치우칠 수도 있고, 공정에 치우칠 수도 있다. 공정한 심판은 더욱 어렵다. 처벌을 해야 하는 심판이므로 공정하면서도 공평을 전제해야 하기 때문이다. 유전무죄, 무전유죄라는 심판이 되어서는 안 되기 때문이다. 그런가 하면 관념적이고 절대적인 공평 때문에 공정한 처벌을 할 수 없게 하는 것도 도덕질서 자체를 무너지게 한다. 공정한 무역이 문제시되고, 공정한 유통이 문제시되는 현대사회에서 공정의 덕목은 가장 중요하면서도 가장 실천하기 어려운 덕목으로 인식되어야 할 것이다.

다섯째, 지혜의 덕목이 있다. 예컨대 정치는, 수단과 방법의 문제이며,

전략과 전술의 문제이다. 지혜를 필요로 하고, 지혜로 결정하는 문제이다. 정치가에게 가장 중요한 것이 지혜라고 하는 이유는 이 때문이다. 지혜는 정치가의 덕목이다. 덕망 있는 정치가는 지혜로운 정치가를 말한다. 말을 절제하고, 행동을 자제하고, 공격보다는 후퇴를 하게 만드는 것도 지혜이다. 목적에 대한 견해 차이가 문제시될 때는 정치적 해결을 하게 한다. 정치적 해결이란 지도자의 지혜로 해결하는 것을 말한다. 즉 지도자들끼리 지혜로써 목적에 대한 갈등을 해결하는 것이 정치적 해결이다. 이러한 '정치적 해결'은 정치에 국한해서 쓰는 개념이 아니다. 정치적 지도자가 아닌 지도자에게도 이러한 지혜가 필요하고, 정치적 해결이 필요한 것이다. 누구나 지혜롭게 판단하기를 원한다. 누구나 정치적 해결이 필요한 상황에 처할 수 있다. 그런데도 지혜가 부족하기 때문에, 정치적 해결을 이루어 내지 못했기 때문에 우리는 도덕적 판단을 해야 할 때가 있다. 착하고, 정직하고, 솔직하고, 겸손하다는 것만으로 그런 도덕적 판단을 면제받을 수는 없다. 지도자의 덕망 또는 정치가의 덕망에서 가장 중요한 것이 지혜의 덕목이기 때문이다.

여섯째, 용기의 덕목이 있다. 용단을 내리는 용기, 책임을 지는 용기를 말한다. 위험을 무릅쓰고 앞장서는 용기를 말한다. 결단하는 용기이며, 사생결단을 내리는 용기를 말한다. 소크라테스가 독배를 선택한 것은 지혜로운 판단이었다. 용기가 아니었다. 그렇지만 만일 그런 판단에도 불구하고 죽음이 두려워서 탈옥을 선택했다면 소크라테스는 비겁한 철학자가 되었을 것이다. 마찬가지로 지도자이기 때문에 앞장서고, 책임을 지고, 용단을 내리고, 사생결단을 한다는 것은 당연한 일이다. 지도자이면서도 그런 선택을 하지 못할 때 우리는 그를 비겁한 사람으로 판단하게 된다. 따라서 지혜로운 판단으로 선택한 일이고, 지도자이기 때문에 당연히 선택한 일이지만, 그런 선택을 하지 않음으로써 비겁해질 수 있었다는 것을 고려할 때 그것은 용기 있는 선택이었다는 평가를 할 수 있다. 왜 비겁한 짓을 할까? 지혜롭게 판단하지 못했기 때문일까? 지도자로서의 판단은 잘했으면서도 용기가 부족했기 때문일까? 비겁하다는 도덕적 판단을 내리는 것도 결코 쉬운 일은 아니다.

한 사람을 도덕적으로 판단하는 데는 적어도 이상과 같은 덕목들이 전제되어 있다. 물론 덕목보다는 도덕규범으로 판단할 수도 있다. 덕목으로 판단하느냐, 규범으로 판단하느냐는 문제가 되지 않는다. 규범들을 덕목들로 설명할 수도 있으며, 덕목들을 규범들로 설명할 수도 있기 때문이다. 문제가 되는 것은 덕목이든 규범이든 관념화되어 버릴 수 있으며, 그렇게 되면 기계적으로, 고정된 관념에 따라서 판단해 버린다는 데 있다. 도덕규범이나 덕목은 정확하게 규정된 것이 아니다. 정확한 개념 정의를 가능하게 하지 않는다. 실제 상황에 적용하기 위해서는 언제나 해석을 필요로 한다. 이해의 수준이 문제가 되게 한다. 도덕적 판단 자체가 그런 애매성과 모호성을 불가피하게 하는 개념적 판단이라는 것이다.

위에서 제시해 본 덕목들을 실제 상황에 적용해 볼 때 일어날 수 있는 문제들을 생각해 보자. 명확한 해답을 가능하게 하지 않는 문제들이지만 이런 문제들을 의식하면서 판단할 수밖에 없다는 것이다. 판단의 불완전성을 인식하면서 겸손한 판단을 하고, 그 판단에 대한 책임을 져야 한다는 것이다.

1. 십자가를 지는 사랑을 말하지만, 그런 자기희생을 수반하지 않는 사랑이기 때문에 대상을 소유하고자 하고 지배하고자 하는 것일까? 그런 소유와 지배의 욕망을 충족시켜 주지 못할 때 사랑은 증오로 변하는 것일까? 그렇다면 십자가를 지는 자기희생의 사랑을 어떻게 확인할 수 있을까? 사랑이 증오로 변할 때는 확인이 필요 없겠지만, 소유와 지배의 욕망을 사랑과 명확히 구별하여 판단할 수 있을까? 섬김의 실천에서 자기희생의 사랑을 확인할 수는 있을까?

2. 사랑으로 용서를 한다고 하지만, 힘이 없는 사람이 강한 사람을 용서한다는 것은 패배와 굴종을 자인한다는 뜻이 아닌가? 용서를 받아야 할 사람의 마음에는 변화가 없는데, 용서를 하는 사람의 마음이 어떻게 전달될 수 있을까? 용서를 하는 사람 자신의 마음을 위한 용서일 뿐인가? 한 사람의 용서가 아니라, 여러 사람들의 용서나 그 사회전체로부터 용서를 받아야 하는 사람에 대해서도 사랑의 용서가 가능한가? 그런 용서가 필요한가?

3. 누구에게나 자비심이 있다고 말하지만, 과연 그럴까? 남의 고통을 비슷하게나마 느끼는 것이 사실상 불가능한 사람은 없을까? 양심이 마비되었다고 하듯이 자비심도 마비될 수 있는가? 그런 자비심을 약하게 타고 나거나, 그런 자비심이 마비되는 상태로 조건화되는 사람이 있는가? 그토

록 남들을 괴롭히면서도 자신은 아무런 고통을 느끼지 않는 듯한 사람을 어떻게 이해하고 판단할 수 있을까? 왜 지금의 세상에는 그럼 사람들이 더 많아지고 있을까?

4. 악한 역을 하도록 태어난 사람도 있는가? 예수의 십자가라는 역사적 사건에는 가룟 유다의 악역이 필요했다. 유다와 같은 악역을 해야 하는 운명으로 태어나는 사람들이 있는가? 그런 악역을 피하고 싶었으나 피할 수 없는 운명적 상황이었다면, 유다 같은 사람도 구원을 받을 수 있는가? 자비의 대상이 될 수 있는가? 스스로 악역을 선택한 사람이라면 구원과 자비의 대상이 될 수 없는가? 악역을 하게 된 원인이나 이유를 명확하게 확인할 수 있을까?

5. 사람은 누구나 불평등하게 태어나는가? 불평등하게 태어났다는 것을 누구나 의식하기 때문에 평등을 지향하게 되는 것인가? 사람은 누구나 평등하게 태어난다고 하는 철학자의 주장은 그렇게 되기를 바란다는 설득적 의미로 이해되어야 하는가? 능력의 차이나 환경적 조건의 차이가 의미하는 불평등은 자연적 조건으로 볼 때 당연하면서 불가피한 것인가? 역사가 있는 자연의 세계이면서, 역사적 변화를 가능하게 하는 조건의 세계이므로 우리 인간이 의식하는 불평등은 불가피한 자연적 조건일 뿐인가?

6. 평등을 강요할 수는 없는가? 불평등의 한계가 있는가? 자연적 불평등이 아닌, 인위적 불평등의 한계가 있는가? 절대적 평등은 역사를 멈추게 하는 것이므로 역사가 없는 주검의 세계에서나 가능한 것이지만, 한계를 벗어난 불평등 상태를 시정하기 위한 평등화는 타당한 것인가? 그런 평

등화를 위한 혁명은 정당한 것인가? 평등화를 강요하는 혁명이 정당한 것인가? 아니면 불평등의 혜택을 누리는 집단과 계층 자체에서 평등화로의 변화를 추구하도록 기다려야 하는가? 혁명적 변화와 개선적 변화의 주역에 대한 결정을 어떻게 할 것인가? 누가 할 것인가?

7. 교육의 기회는 공평해야 하는데 그런 세상이 올 것 같지는 않다. 다행히 교육기회의 불공평이 능력개발의 절대적 요인으로 작용하지는 않는다는 것이다. 여러 가지 교육의 기회가 다양한 가능성을 열어 놓고 있기 때문이다. 문제는 그런 교육의 기회에도 불구하고 결과적으로 나타나는 능력의 차이에 대하여 공정한 대우와 보상을 해 줄 수 있어야 한다는 데 있다. 이를테면, 대학의 시간강사 문제는 그런 불공정의 문제를 심각하게 드러내는 절박한 현실문제이다. 능력 면에서 전임교수와 시간강사의 차이가 나기 때문인 것이 아니다. 수요와 공급의 문제이고, 대학의 학과를 차지하고 있는 기득권 교수들의 판단 문제이다. 학연과 지연의 문제도 작용한다. 결코 공정할 수 없는 처우라는 것을 알면서도 시간강사의 문제를 책임지는 교수들이 없다. 정년퇴임한 교수가 시간제 강의를 맡게 되면 시간강사들의 기회를 빼앗는 처사가 된다는 정도로만 문제를 의식하고 있다. 대학이라는 지성사회가 시간강사들의 불공정한 처우를 무시하고 있는 현실에서 공정의 정의를 기대할 수 있을까?

8. 도덕적 인간으로서의 자율능력이 없는 사람, 즉 자기 행위에 대한 책임을 질 수 있고 자제할 수 있는 능력이 없는 사람을 그 사회로부터 격리하거나 제거하는 것이 사법의 기능이다. 공정한 재판으로 공정한 처벌

을 받게 한다는 것이다. 그런 사람을 격리시키거나 제거하는 것은 다른 시민들의 권리를 위한 조치이다. 피해를 받지 않도록 하기 위함이다. 그러나 그런 처벌에는 항상 공정성이 문제가 되고 인권이 문제가 된다. 시민의 권리 보호와 처벌의 인권침해를 공정하게 고려하면서 판결을 내려야 하는 문제이다. 더욱 어려운 문제는 이러한 사법권의 영향이 미치지 못하는 상황에서는 정당방어를 인정한다는 데 있다. 공정한 자기방어를 의미하는 것으로서 생명의 위협을 받는 경우 가해자를 살해하는 것은 정당하다는 것이다. 정당방어가 공정한 살해가 될 수는 있겠지만, 너무 많은 요인들이 개입되기 때문에 공정성의 판단이 불가능할 수 있다. 또한 정당방어가 공정할 수 있었던 상황인데, 방어능력이 없었던 피해자가 살해되었다면 가해자에 대한 공정한 사법적 처벌은 처형이라고 해야 할 텐데, 여기서도 가해자의 인권이 문제가 될 수 있을까? 살해를 당한 시민의 인권문제를 함께 고려할 때 공정한 판단은 무엇일까?

9. 사람은 누구나 지혜롭게 선택하고자 한다. 생존경쟁에서 살아남기 위해 필요한 지혜이기 때문이다. 물리적 힘보다 강한 것이 지혜이기 때문이다. 따라서 사람은 누구나 더 지혜로워지고자 노력한다. 지혜의 경쟁에서 이기고자 하는 것이다. 그러면서 더 우수한 지혜를 가진 사람을 인정하게 되고, 그의 지혜를 이용할 수 있는 관계를 맺고자 한다. 집단화가 이루어지고 집단의 지도자를 받아들이게 된다는 것이다. 더 지혜로운 사람이 집단의 지도자가 되는 것이 당연하고 유리하지만, 지도자로 선택되고 지도자의 권력을 유지해 가는 조건은 다양하다. 지도자의 지혜를 의심하게

되는 경우가 허다하다. 그런 지도자의 지혜를 판단하고 더 지혜로운 지도자를 선출하게 하는 집단의 지혜를 믿어 보지만, 민주주의적인 다수의 지혜를 의심하게 하는 문제가 심각하다. 지혜로운 지도자를 만나는 것은 역사적 우연이라고 생각할 정도로 문제가 심각하다.

10. 사람은 누구나 자기 지혜의 한계를 느낀다. 더 지혜로운 사람이 있다는 것을 인정하지만, 그런 사람도 지혜의 한계 때문에 실수를 한다. 인간의 지혜를 절대시하거나 무조건 믿을 수는 없다는 것을 깨닫게 된다. 개인적 지혜의 한계와 함께 인간적 지혜의 한계를 의식하지 않을 수 없다. 인간의 지혜는 진화하는가? 역사가 인간을 더 지혜롭게 하는가? 지금도 초인의 지혜에 가까운 능력을 타고나는 사람들이 있는가? 그런 사람들이 나타나지만 인간사회는 그들을 용납하지 않는다는 것이 사실인가? 인간사회에서는 초인이 환영받을 수 없는가? 초인의 능력을 수용할 아량이 없는가? 결국 초인의 사회가 형성되어 인간사회를 지배하고 무력화시키는 단계로 진화의 역사가 이어질 수밖에 없는 것일까?

11. 왜 비겁해지는가? 자신의 약점을 위장하기 위한 방법일 수 있다. 자신이 감당해야 할 손해나 피해를 피해 가기 위함일 수 있다. 경쟁에서 이기기 위한 수단일 수 있다. 보복의 방법일 수 있다. 판단의 잘못 때문일 수 있다. 생존본능에서 오는 막연한 두려움 때문일 수 있다. 이런 이유가 비겁하게 한다는 생각을 해 보면, 용기가 부족하기 때문에 비겁하게 된다는 것은 또 다른 문제인 것 같다. 비겁한 짓을 하는 데도 일종의 용기가 필요하기 때문이다. 비겁해지면서 배신을 하는 데는 그 나름의 용기가 있어

야 한다. 하지만 비겁하지 않게 하는 용기도 있어야 한다면, 비겁해지는 것과 관련된 용기와 그것과는 무관한 적극적 용기 그 자체는 구별되어야 할 것이다. 올바른 판단력에 근거한 용기를 말한다. 옳은 것을 위한 용기, 자기희생을 각오하는 용기, 역사를 책임지는 용기, 패배를 수용하는 용기를 말하는 것이다.

12. 아무것도 책임지지 못하는 사람, 그런 책임을 질 수 있는 용기가 없는 사람은 어떤 권력의 자리도 사양해야 하는가? 그런 용기도 없으면서 권력의 자리를 차지하고 있으면 결국 비겁한 사람이 되고 마는가? 권력이 곧 정의라고 하는 것은 권력이 악용될 수 있다는 현실주의 윤리관을 비판하는 말이다. 그러나 긍정적인 해석을 해 볼 수도 있다. 권력이 정의에 대한 책임을 져야 한다는 뜻으로 이해할 수 있다. 권력이 정의를 책임질 때 정의가 시켜진다는 것이다. 그런 의미의 권력, 정의를 책임지는 권력을 위해서는 용기가 있어야 한다. 용단을 내릴 수 있어야 한다. 물론 지혜로운 판단에 근거한 용단이어야 한다. 역사를 책임질 수 있는 판단이라는 신념에서 나오는 용단이어야 하는 것이다.

한 사람을 도덕적으로 판단하는 문제는 단순할 수가 없다. 현실적 상황을 도덕적으로 충분히 고려해야 하면서, 역사적 상황으로, 변화 가능성의 상황으로도 고려해야 하기 때문이다. 이처럼 판단하기 어려운 도덕적 인간이지만, 우리는 도덕적 판단을 유보할 수가 없다. 도덕적 인간으로서 한 개인이 그 집단사회에 미치는 영향을 무시할 수 없기 때문이다. 결코 과소평가할 수 없기 때문이다. 많은 사람들의 생명에 관한 문제가 될 수도 있기 때문이다. 윤리관이나 윤리이론의 문제를 도덕적 인간을 중심으로 다시 해석해 보고 설명해 보는 도덕철학의 의미를 이해할 수 있다.

생명의 존엄성

생명의 존엄성을 기본 가치로 생각하는 경향은 서구의 근대역사에서 비롯된 것 같다. 기독교적인 평등주의와 정치적 민주주의가 바탕이 되고, 산업사회가 가능하게 해 준 개인주의와 르네상스 이후의 인간주의 또는 인본주의가 더해지면서 인간의 가치에 대한 인식을 중요시하게 된 결과일 것이다. 사람은 누구나 자기 생명을 존엄하게 여길 수 있는 권리를 가졌다는 것이다. 누구나 자기 생명의 존엄성을 인정받을 수 있어야 한다는 것이다. 또 모든 가치판단에서 기본이 되는 가치관으로 받아들여야 하며, 이상적(理想的) 가치관으로 인정되어야 한다는 것이다.

하지만 그런 이상적(理想的) 가치관으로서의 생명의 존엄성에 대한 믿음이 현실 속에서 그대로 실천이 된 적은 없다. 부분적으로, 지역적으로 실천이 된 적이 있었으나, 바로 그런 제한성 때문에 '생명의 존엄성'은 또 하나의 관념이 되고 만 것이었다. 기독교적 평등주의는 기독교인들에게만 적용되었을 뿐 다른 종교에 대해서는 배타적이었다. 정치적 민주주의의 이상이 실현된 적은 없다. 민주주의를 표방하면서도 약소국들을 침략하여 식민지화하고 무력으로 지배했다. 피지배 민족들에게는 서구적 인간주의 또는 인본주의도 허용되지 않았다. 인간주의는 지배자들을 위한 인간주의로 제한되었다. 개인주의도 서구적인 것이었고, 지배적인 개인들에게만 의미가 있는 것이었다. 피지배 민족의 사람들은 집단적으로 차별을 당하면서 착취를 당해야만 했다. 그들에게는 인간주의나 개인주의가 말하는 인간적 존엄성이 무의미했으며, 생명의 존엄성을 주장할 기회조차 허용되지 않았다. 자기들 사회에서는 생명의 존엄성을 빙자하여 사형제도를 폐지한다고 하면서 남의 나라들을 침략해서는 무차별 학살과 파괴를 자행하는 위선을 오늘날까지도 아무런 죄책감 없이 보이고 있다.

생명의 존엄성을 개체생명의 가치로 보는 것도 문제가 된다. 개인주의의 한계성을 말한다. 종의 생명을 떠나서 개체생명을 생각할 수는 없다. 또한 온 생명을 무시하고 종의 생명을 생각할 수는 없다. 지구상의 생명체들은 지구의 온 생명, 즉 생명을 가능하게 하는 지구상의 온갖 조건을 전제해서만 그 존재의미를 말할 수 있다. 무수히 많은 종의 생명들이 나타났다가 멸종해 간 온 생명의 역사이다. 언젠가는 온 생명으로서의 지구가 그 생명을 다하리라는 것도 예상할 수 있다. 이렇게 볼 때 우리 인간만을 생각하는 생명의 존엄성은 의미가 없다. 그러나 생명의 존엄성이라는 가치관을 지구상의 모든 개체생명에 적용한다고 생각하면 그것 또한 무의미해진다. 생존경쟁, 약육강식, 적자생존의 현상에 생명의 존엄성을 적용할 수 가 없다. 차라리 종의 생명이 전체적 생명세계에서 그 존재의미를 갖는다든지, 지구의 온 생명도 유한할 수밖에 없지만, 우주적 생명현상 또는 생명세계를 생각할 때, 그것을 실현하는 하나의 현상이며 그런 의미와 가치를 갖는 것으로 이해할 수는 있을 것이다. 그러나 이것은 우리가 인식해 온 생명의 존엄성과는 전혀 다른 의미의 것이다.

생명의 존엄성을 말하는 가치인식이 공허해졌다는 것과, 서구 역사의 특정시대를 배경으로 해서 나타난 제한된 개념이었다는 것을 인정할 때가 된 것이다. 그런 허황된 가치개념으로부터 자유로워지면서 생명의 가치를 새롭게 인식하고자 하는 노력이 필요하다. 특히 개체생명-종의 생명-온 생명-우주적 생명으로 이어지는 생명세계의 관계를 생각하면서 생명의 가치를 이해하고자 하는 시도가 필요하다.

그런 작업을 위한 정리작업의 하나로 인간 개체의 생명을 절대시하는 '생명의 존엄성' 개념이 얼마나 공허한 관념이 되어 버렸는가를 반성해 보는 비판이 필요하다.

생명의 존엄성을 말해 주는 근거가 된다고 생각한 조건들을 제시해 보고 각각의 한계성 또는 제한조건을 검토해 볼 수 있다. 개체 인간의 생명이 절대화될 수 없다는 것을 확인해 볼 수 있다.

1. 생명은 하느님이 주신 선물이므로 존엄하다.

그러나 이 세상 모든 것이 하느님의 선물이다. 개인의 생명만이 특수한 선물이라고 할 수 없으며, 그것만이 존엄하다고 할 수 없다.

2. 누구에게나 자기 생명은 하나밖에 없으므로 존엄하다.

그러나 자기 자신에게는 하나밖에 없으므로 귀한 생명이지만, 그것의 가치를 논할 때는 상대적 비교가 불가피하다. 남의 생명을 빼앗은 사람은 자신의 생명에 대한 상대적 평가를 받지 않을 수 없게 한다. 절대적 존엄성을 말할 수 없게 되는 것이다.

3. 자기 생명은 아무것과도 바꿀 수 없으므로 존엄하다.

그러나 누구나 스스로 선택하여 자기 생명을 희생시켜 가면서까지 다른 어떤 가치를 추구할 수 있다. 그만큼 소중한 생명을 바쳐서 추구한 가치이므로 다른 사람들의 인정을 받는 행위가 된다. 순교자가 되고, 열사가 되고, 성인이 될 수 있다.

4. 생명체에는 생명을 존속시키려는 의지가 있다. 생명의 의지는 존엄하다.

그러나 생명의 의지가 개체생명을 지속시키고자 하는 데는 이미 한계가 주어져 있다. 시공간적 제한 안에서만 그런 의지가 중요하다. 그런 제한조건을 무시한 생명의지는 오히려 생명의 가치를 침해할 수 있다.

5. 생명체는 생존을 위한 경쟁을 하면서 새로운 가능성을 실현해 준다. 파괴적 경쟁만이 아니라, 경쟁을 통한 새로운 것의 실현이라는 사실이 생명을 존엄하게 한다.

그러나 생존경쟁은 파괴를 불가피하게 한다. 살아남는 자와 파괴되는 자가 꼭 같은 생명체라고 할 때 생명의 가치를 상대화하여 평가할 수밖에 없다. 파괴되는 생명이 있음으로써 경쟁에서 살아남는 자의 생명이 그 가치를 보여 주는 것이다.

6. 개체생명으로도 진화하고, 종의 생명으로도 진화한다는 사실은 생명을 존엄하게 한다.

그러나 개체생명의 진화를 통하여 종의 생명이 진화한다고 할 때, 개체생명 모두가 꼭 같은 진화의 계기를 만드는 것은 아니다. 모든 개체가 진화를 위한 꼭 같은 기회를 갖는다고 할 수는 있으나, 결과적으로는 특정 개체가 선택되어 진화의 계기를 만들게 되는 것이다. 상대적 가치평가가 불가피하다.

7. 개체생명은 유한하지만 다른 개체생명을 위한 고리가 되어 줌으로써 생명이 이어지게 한다. 그런 개체생명이 없이는 생명의 고리가 이어질 수 없으므로 개체생명은 존엄하다.

그러나 그런 생명의 고리가 모두 다 계속 이어지는 것은 아니다. 어떤 고리는 끊어진다. 종이 멸종하는 것은 모든 고리가 끊어져 버린다는 것이다. 어떤 생명의 고리도, 어떤 개체생명도 절대화할 수 없다는 뜻이다.

8. 개체생명은 개체로 기능하고, 형태화하면서도 종의 생명과 같은 전체 생명세계와 조화를 이루는 능력을 보인다. 전체를 위한 개체생명이라는 뜻에서 생명은 존엄하다.

그러나 개체생명이 없이는 전체생명이 있을 수 없다는 것은 사실이지만, 개체와 전체의 관계가 항상 조화로운 것만은 아니다. 전체를 위협하는, 조화에 역행하는 개체생명들도 있다. 상대적 평가를 불가피하게 한다.

9. 개체생명체가 기능하는 것을 보면 어떤 설계나 프로그램이 숨어 있

다는 생각을 하게 한다. 개체가 만들어 내는 것이 아니라, 이미 개체에게 주어진 프로그램이란 것이다. 개체생명은 이 프로그램을 실현시키는 도구 역할을 하는 것이며, 프로그램은 생명의 고리를 통하여 살아남는다. 이러한 프로그램의 실현도구가 되는 개체의 생명은 존엄하다.

그러나 프로그램의 실현에 필요한 개체생명이지만, 어떤 프로그램을 선택할 것인가는 개체가 할 수 있는 일이 아니다. 개체로서는 그야말로 '생긴 대로' 살아갈 수밖에 없는 것이다. 잘못된 프로그램으로 역기능을 하는 생애가 될 수도 있는 것이다. 존엄성의 문제를 평가해 볼 수밖에 없는 우연이 작용한다는 뜻이다.

10. 생명기능을 한다는 것은 온갖 가능성을 열어 준다는 것이다. 생명기능은 새로운 것의 창조를 가능하게 한다. 생명세계가 무생명세계와 다른 점을 말해 준다. 이런 가능성과 창조성이 생명을 존엄하게 한다.

그러나 생명현상이 보여 주는 가능성과 창조성은 좋은 쪽으로만 작용하는 것이 아니다. 순기능에 대한 역기능이 항상 함께 존재하기 때문이다. 개체생명을 그것의 가능성과 창조성의 표현에 따라서, 또는 그것과는 반대되는 역기능의 표현에 따라서 평가하는 것이 필요하다는 것이다. 절대적 존엄성의 부여는 무의미하다.

11. 생명은 아름답다. 무생명의 세계보다도 생명의 세계가 아름답다. 그 아름다움은 생명의 존엄성을 입증하고 확인해 준다.

그러나 생명의 아름다움에는 생명의 추함이 숨어 있다. 생명세계에는 빛과 그늘이 함께 있다. 생명의 존엄성을 상상할 수조차 없을 정도로 어두운 그늘 속에서 비뚤어져 있는 생명들이 있다.

12. 생명은 신비롭다. 그 신비로움에 감탄할 때 생명의 존엄성을 인정하게 된다.

그러나 생명의 신비를 느끼는 것은 생명현상을 충분히 설명하지 못하는 데서 오는 신비감일 수도 있고, 개체생명들을 통한 생명세계 그 자체, 그러니까 추상화되고 일반화된 생명현상에 대한 신비감일 수도 있다. 개체생명을 이해하고 설명하는 문제는 이미 상당한 수준의 해답을 주고 있으므로 신비감이 거의 사라졌다고 할 수 있다. 그런 의미에서 신비감이 주는 존엄성도 이미 문제가 되지 않는다고 할 수 있다. 생명의 복제가능성만으로도 개체생명의 존엄성은 상대화되어 버린 것이다. 추상화되고 일반화된 생명현상의 신비는 아직 살아 있지만 그것은 존엄성의 문제와는 무관한 신비성이다.

불행론

전혀 예상하지 못했던 불행이 닥쳐왔을 때, 자신의 실수나 책임 때문이 아닌 불행을 당했을 때, 너무 억울하고 원통하게 불행을 감수해야 했을 때, 피할 수도 없고 감당하기조차 어려운 불행으로 참담해졌을 때, 불행에 대한 생각을 해 보게 된다.

누구에게나 자기 몫의 불행이 있는 것인가? 불행도 나누어 감당해야 하는가? 불행을 피하고자 해서는 안 되는가? 불행을 부정하거나 숨기고자 해서도 안 되는가? 행복해지는 것만큼 불행해지는 것도 당연한가? 불행의 불가피성을 받아들이고 대처하는 가치관이 필요한가?

공리주의는 행복의 최대화를 말하면서도 불행의 최소화는 말하지 않는다. 행복해지면 불행은 없어진다는 뜻인가? 하지만 행복으로 불행을 없앨 수 있는 것은 아니다. 행복과 불행은 서로 상쇄될 수 있는 관계의 가치와 역가치가 아니다. 행복의 크기가 불행을 작게 하지 않는다. 행복은 행복대로, 불행은 불행대로 크게 되기도 하고, 작게 되기도 하는 것이다.

그러나 인간관계에서 보면 서로에게 행복의 원인이 되어 줄 수도 있고, 불행의 원인이 되어 줄 수도 있다. 그런 관계 때문에, 자신이 행복해지기 위해 남을 불행하게 만드는 사람도 있고, 남을 행복하게 해 주고자 자신이 불행해지는 사람도 있다. 하지만 꼭 그런 방법을 택해야 하는 것은 아니다. 남의 불행을 대가로 자기가 행복해져야 할 이유는 없다. 남을 행복하게 해 주기 위해서도 꼭 자신이 불행해져야만 하는 것은 아니다.

최다수의 최대 행복을 추구하는 공리주의의 주장은 결코 다수가 행복해지기 위해 소수를 불행하게 해도 된다는 의미를 함축하는 것이 아니다. 하지만 역사적 현실에서는 공리주의적 행복을 누리는 다수의 그늘에는 불행을 감수해야 하는 소수가 있어 왔다. 모든 사람이 평등하게 행복을 누리게 되는 공리주의 사회는 불가능한 것으로 인식되어 왔다.

특히, 지금의 상황에서는 인간의 행복을 최대화하고자 하는 온갖 시도가 다른 생물들의 불행을 최대화하고 있다는 사실을 문제시하지 않을 수 없다. 공리주의가 말하는 최다수의 행복은 우리 인간만을 대상으로 하고 있는 것이다. 우리 인간의 최대 행복을 위해 다른 생물들은 불행해도 좋다는 공리주의적 생각이 이제는 불행에 대한 새로운 인식을 하게 한다. 다른 생물들이 불행해지는 결과는 다시 우리 인간의 불행으로 돌아올 수 있다는 인식을 말한다. 지구상의 생명계 또는 생태계에서 우리 인간만이 행복해진다는 것, 특히 인간의 행복을 최대화하기 위한 대가로 다른 생물들을 불행하게 한다는 것은 더 이상 허용될 수 없다는 것을 인식하게 한다는 것이다.

행복을 추구하면서 행복을 최대화하고자 하는 것은 우리 인간만의 특수 능력일 수 있다. 다른 동물들에게도 행복의 체험이 있을 것이다. 그러나 그 행복을 최대화하고자 하는 동물은 없는 것 같다. 남의 불행을 대가로 하면서까지 자신의 행복을 추구하는 동물은 없는 것 같다. 남을 불행하게 함으로써 자신이 더 행복하게 될 수 있다고 생각하는 그런 잔인함이 우리 인간에게는 있지만 다른 동물에게는 없다는 것이다.

행복을 최대화하고자 하는 인간 특유의 욕망을 부정할 수 없으므로 그런 욕망에 불가피하게 연관된 불행에 대한 생각을 신중히 해야 할 때가 되었다. 왜 철학자들조차도 행복의 가치만을 말하고 불행의 역가치에 대해서는 말하지 않았는가가 궁금하다. 행복의 가치를 증가시키면 불행의 역가치는 자연히 축소된다는 단순한 착각 때문이었을까? 행복의 가치와 불행의 역가치를 양화해서 계산할 수 있다는 착각 때문이었을까? 공리주의가 말하는 행복의 최대화에는 분명 그러한 양화가능성이 전제되어 있다.

이러한 행복과 불행의 관계를 다시 생각해 보기 위해 한 가지 관련된 문제로 돌아가 볼 필요가 있다. 선과 악의 관계와 비교해 보는 일이다. 인간을 도덕적 존재라고 하는 것은 우리 인간사회는 자연적 질서만으로 존속될 수 없다는 것을 말한다. 에덴동산을 떠나야만 했던 인간의 운명을 말한다. 그것은 악을 행할 수 있는 인간의 능력 때문이었다. 에덴동산의 질서는 자연의 질서를 말하는 것인데 그런 자연의 질서 속에서만 살 수 있기에는 우리 인간이 너무 진화해 버린 것이었다. 악을 범할 수 있는 인간이 되었으므로 선을 추구하는 일이 인간사회를 새로운 질서, 즉 도덕적 질서의 세계로 만들게 되었다는 것이다.

행복을 추구하는 문제도 선과 악의 문제를 위한 도덕에 관련된 것으로 생각해 온 것이 철학의 윤리학이었다. 이는 공리주의가 잘 대변해 주고 있다. 하지만 선을 추구하는 것이 악의 원인이 되지는 않는다. 악이 존재하는 인간사회이므로 선을 추구하게 하는 것이다. 그러나 행복의 추구는 불행이 존재하기 때문이라고 할 수 없다. 철학자들은 행복을 그 자체의 목적이 되는 가치로 여겨 왔다. 다른 무엇을 위한 행복이 아니라는 뜻이다. 불행하기 때문에 행복을 추구한다는 뜻이 아니라, 행복 그 자체가 추구할 목적이 된다는 뜻이다. 그런데 행복을 추구하는 행위가 불행의 원인이 될 수 있다는 사실에서 행복과 불행의 특별한 관계가 나타난다. 행복을 추구하는 인간의 행위가 자기 자신의 불행을 가져올 수도 있고, 다른 사람의 불행을 가져올 수도 있다는 것이다.

행복의 추구가 불행을 초래할 수 있다는 관계에 대해서는 좀 더 신중한 이해가 요청된다. 자신의 행복을 위해 남의 불행을 대가로 하는 행위도 있다. 자신의 행복을 위해 자신의 불행을 자초하고자 할 사람은 없겠지만 그런 의도와는 다르게 결과적으로 불행을 자초하게 되는 수도 있다. 그런데 행복을 추구하면서도 자신에게나 남에게 불행을 가져오는 원인작용을 전혀 하지 않는 그런 행위도 가능한 것처럼 보인다. 예컨대, 종교적 수행을 통해 행복을 추구하는 것은 그런 가능성으로 여겨지는 것 같다. 그러나 과연 그럴까? 만일 그런 행복의 추구가 가능하다면, 그런 행복에는 불행이 수반되지 않는다는 것이고, 그런 행복을 추구하는 집단사회에는 행복만 있고 불행은 없을 수 있다고 해야 할 것이다. 과연 그런 인간사회가 제한적으로나마 가능할 것인가?

인간에게는 행복을 추구할 수 있는 능력이 있다. 다른 동물들에게는 더 이상의 행복을 추구하지 않도록 하는 한계가 있는 것 같지만, 인간에게는 그런 한계가 보이지 않는다. 인간이 만족할 수 있는 행복이란 것이 있을까? 더 행복해지기 위한 인간의 노력이 멈출 수 있을까? 새로운 방법의 행복을 추구하는 인간의 노력이 멈출 수 있을까? 이러한 생각은 곧 인간의 문명이 변화와 발전을 멈출 수 없다는 생각으로 이어지게 한다.

여기서 다시 행복과 불행의 관계로 생각을 돌려 보면, 행복을 추구하는 인간의 노력이 과연 불행을 없애거나 줄이는 변화를 가져올 수 있었는가를 물어보지 않을 수 없다. 행복을 추구하는 문명의 역사가 인간의 불행을 줄여 줄 수 있었는가? 최다수의 최대 행복을 추구한다는 공리주의의 원리를 받아들이는 문명의 역사가 불행을 최소화하는 결과를 수반할 수 있었던가?

행복을 최대화한다는 공리주의는 불행을 최소화하는 일과는 무관한 것으로 보인다. 행복과 불행의 문제를 윤리적 문제라고 한다면 공리주의는 반쪽 윤리관이 되고 만다. 그런 공리주의의 한계를 보면서 다시 생각해 봐야 할 문제는 과연 행복과 불행이 윤리적 문제로 제한될 수 있느냐라는 것이다.

행복해지고자 하는 인간의 노력이 어떤 방법으로든 불행을 수반하는 것으로 보인다. 그렇지만 행복이 불행을 상쇄시켜 주는 것도 아니다. 행복의 최대화가 불행의 최소화를 말하지 않으면서, 행복에 수반되는 불행은 그 자체로서 해소되기를 기다리는 것 같다. 이처럼 불행의 문제는 행복과의 관계 속에서 존재하지만, 행복의 추구만으로는 결코 해소되거나 약화되는 것이 아니다.

윤리적으로 다루지 못한 불행의 문제는 종교와 예술이 주로 다루어 왔다. 놀라운 것은 종교와 예술이 불행의 문제를 다루는 방법에 있다. 세상에 존재하는 불행을 함께 또는 대신 감당해 주는 행위로 불행의 문제를 다룬다는 것이다. 십자가를 지는 예수의 행위가 그런 것이다. 붓다의 자비심이 그런 것이다. 붓다와 예수를 따르는 수도자의 고행이 그런 것이다. 예술에서도 창작을 위해 불행을 감수하는 예술가의 생애가 그런 것이다. 자살로 끝내야 했던 예술가의 삶이 남긴 작품들은 세상의 불행을 스스로 감당해 낸 아름다운 흔적이다.

종교와 예술에서 우리가 배우고자 하는 것은 자기 몫의 불행을 받아들이는 마음과 그것을 감당해 내는 힘이다. 그런 마음과 힘으로 이웃 사람의 불행도 함께 감당하게 된다. 그러면서 더 큰 마음과 더 큰 힘이 생길 때 세상의 불행을 감당하는 일에 참여하게 된다. 십자가를 지는 수도자가 되고, 대자대비로 불행한 마음들을 보살피는 수도자가 되는 것이다.

철학은 무엇을 할 수 있는가? 공리주의 같은 윤리이론은 다수의 행복을 위해 소수의 불행은 불가피하다는 합리화의 근거가 되고 말았다. 행복한 돼지보다는 불행한 소크라테스가 낫다고 했지만, 철학은 사실상 행복한 돼지의 편을 들어준 것이었다. 행복을 추구하는 마음보다는 불행을 감수하는 마음에 관심을 둔다면 철학도 종교와 예술의 대열에 설 수 있을 것이다. 소크라테스의 불행이 무엇을 의미하는지, 또 자신의 철학을 종교화하지도 예술화하지도 않았던 소크라테스를 왜 성인(聖人)의 한 사람으로 존경하게 되는지를 생각해 봐야 할 것이다.

인간 존재의 조건인 세상의 불행을 생각하는 철학자로서 마땅히 져야 할 십자가는 무엇일까? 철학자가 베풀어야 할 자비는 어떤 것일까? 창조적 작품을 위해 스스로 불행을 선택하고 감수하는 예술가에게서 철학자가 배워야 할 것은 무엇일까? 행복론이 아닌 불행론의 길에서 철학은 종교와 예술을 만날 수 있을까? 소크라테스가 열어 준 길이 바로 그런 철학의 길이 아니었던가? 그런데 사람들은 그의 논리와 대화의 방법에만 매료되어 철학의 본질과 근본을 놓치고 만 것이 아닌가?

2부
문화와 역사

문화철학

'문화'라는 개념은 너무 넓게 쓰이고 있으므로 '문화철학'이 어떻게 가능할까 생각하게 한다. 하지만 '문화' 개념에는 가치 평가를 가능하게 하는 의미가 있고, '문명'이란 개념과 그 의미를 구별하면서 인간의 존재와 역사에 대한 문화적 의미를 논할 수 있게 한다. 우리 인간을 '문화적 존재'라고 함으로써 인간 이해에 새로운 의미를 부여할 수 있게 하고, 인간의 역사를 문명사와 문화사로 구별하여 문화사로서의 특별한 의미를 물어볼 수 있게 한다. '문화철학'의 문제가 될 수 있을 만큼 '문화'의 개념이 가치개념으로서의 의미를 갖게 되었다는 뜻이다.

그러나 아직도 경제는 알면서도 문화를 모르는 기업인들이 있어서 무례한 짓을 하거나 추악한 짓을 할 때가 있다. 경제적 이유이거나 정치적 이유로 약소국을 침략하는 전쟁을 불사하는 강대국의 만행이 아직도 세계사의 현실로 남아 있는 세상이지만, 그런 것은 전쟁불가피론으로 이해해 버리면 된다. 그런데 그런 침략전쟁이 우리를 더욱 아프게 하는 것은 문화를 모르는 침략군의 행위 때문이다. 무차별 살생과 파괴를 하면서 그 지역의 문화유산까지 무도하게 파괴해 버리는 것이다. 인류 문화의 유산으로 보존되어 온 문화적 가치를 전혀 의식하지 못하고 파괴해 버리는 침략군의 행위와 의식은 우리를 너무 비참하게 한다. 북남미 대륙을 점령하면서, 아프리카 대륙을 식민지화하면서, 또 동남아시아와 호주의 부족과 민족들을 지배하면서 그곳의 지역문화들을 무차별 파괴시켰던 지난 시대의 역사가 오늘날에도 그대로 재현되고 있다는 사실을 믿을 수가 없다.

그런 침략전쟁을 하면서도 그것을 '문명과 야만의 전쟁'으로 정당화하고자 하는 것은 참으로 가소롭다. 침략을 당하여 파괴되는 쪽에는 문화가 없다는 것을 말하고자 하는 의도이다. 침략자에게는 그런 문화가 보이지 않는다고 해야 할 것이다. 다른 문화에 대한 인식이 조금이라도 있다면 그런 파괴적 침략은 하지 않았으리라고 해야 할 것이다. 문화에 대한 인식이 없었거나 아주 약했던 역사의 시대를 말할 수는 있다. 하지만 지금은 그런 시대가 아니다. 문명화되지 못한 원시 부족사회를 찾아갔던 사회학자 미드(M. Mead, 1901~1978)가 서구의 기독교 문화와는 다른 문화의 존재를 인식하게 된 것은 이미 오래전 일이다. 타문화를 존중하고 이해하고자 하는 문화의 시대가 시작된 것은 지난 세기 중엽이었으니까 침략자들의 문화 파괴행위가 오늘의 역사에서도 자행되고 있다는 사실을, 그것도 문명의 선진화를 자랑하는 서구 강대국의 침략군이 하는 짓이라는 사실을 받아들이기가 어렵다.

'문명과 야만의 전쟁'이라고 한 것은 그런 시대착오적인 과오를 합리화하려는 개념적 궤변이다. '문명'에 대비되는 개념은 '원시'이다. '야만'은 '문화'에 대비되는 개념이다. 야만적 방법과 문화적 방법을 비교해서 말할 수 있다. 그런데 원시사회에도 특유의 문화가 있으므로, 원시적이니까 무조건 야만적이라고 하는 것은 그야말로 문화에 대한 인식부족을 말한다. 그 반면, 문명적이니까 무조건 문화적이라고 말하는 것은 그것 또한 '문명'과 구별되는 '문화'를 이해하지 못하는 무지에서 나오는 착각이다. 원시사회에도 야만적 방법이 있고 문화적 방법이 있다. 문명사회에도 야만적 방법이 있고 문화적 방법이 있다. 그런데 원시적 야만과 문명적 야만을 비교해서 생각해 본다면, 과연 어느 쪽이 더 야만적일까를 짐작하는 데 문제가 없다. 문명의 힘을 과시하는 최첨단 선생 무기로 무차별 살생을 하고 파괴한 침략의 현장이 생생하게 말해 준다. 수만 명의 선량한 시민들, 무방비 상태의 서민들을 몰살시키는 것이 문명적 야만이다. 생명보다 중요시한다는 그들의 문화유산을 무차별 파괴해 버리는 것이 문명적 야만이다.

문명적 우월성, 또는 문명의 힘이 야만적일 수 있다는 것은 문명사라는 것이 본래 그런 것이라는 데서 확인할 수 있다. 우리 인간이 지구상의 다른 어떤 생물보다 우월하다는 생각을 하게 만드는 것도 문명사이다. 도구를 사용하고 기술을 개발해 가는 우리 인간의 문명사는 다른 어떤 생물보다 생존경쟁에서 더 강할 수 있게 해 주었다. 약육강식과 적자생존이라는 생존경쟁에서 우리 인간을 당해 낼 생물은 없었다. 결국 인간은 인간들

끼리 생존경쟁을 하는 전쟁을 하게 된 것이다. 인간의 문명사는 전쟁사와 일치한다. 전쟁무기의 발달은 문명의 발달을 의미하게 되었다. 그런데 인간의 문명사가 그 한계점에 이르러 우리 인류가 이 땅에서 멸종해 버릴 미래를 생각해 볼 수 있다. 그런 종말의 시간을 예측할 수는 없지만, 종말이 불가피할 수 있다는 생각은 결코 허망하지 않다는 것이다. 그런 인류의 종말이 왔을 때, 그 때에도 이 땅 위에는 살아남은 생물들이 있을 수 있다. 생존을 위한 경쟁이 진화의 역사라면 멸종해 버린 우리 인류가 그 때에도 살아남아 있을 그 생명의 종들보다 더 우수했다고 할 것인가? 문명의 역사가 의미하는 바는 무엇일까?

문명의 역사는 분명 진화의 역사를 연장한 것이다. 생존경쟁에서 승리하기 위한 수단의 역사이다. 하지만 문명의 역사를 진화의 연장으로만 보는 것은 그 의미를 이해하기에는 부족하다. 인간의 문명사가 특이한 것은 인간의 문화사를 가능하게 한다는 데 있다. 문명사의 바탕 위에서만 가능한 문화사이기 때문이다. 그러면서도 문화사는 문명사의 연장만이 아니다. 문명사를 연장해 가면서도 질적으로 다른 문화사가 만들어진다는 것이다. 일종의 연속-불연속 관계로 존재하게 되는 것이 문명사가 가능하게 하는 문화사이다.

유비적으로 말하자면, 마음의 존재의미와 기능은 몸과의 관계에서 찾는 것과 영혼과의 관계에서 찾는 것으로 대비시켜 보는 설명이 가능하다. 마음은 몸이 성장하고 적응하는 것을 돕는 기능이다. 몸의 기능을 지배한다고도 하지만 그런 것 역시 몸의 생존기능을 위한 것이다. 그런 뜻에서 마음은 몸의 기능을 연장한 것이며, 몸의 기능, 특히 두뇌의 기능으로 환원하여 설명하고 이해할 수도 있는 것이다. 하지만 마음의 기능이 그런 하향적 기능으로 제한되어 있는 것은 아니다. 마음에는 지향적 기능이 있다. 정신적 기능이라고도 하고 영성적 기능이라고도 하는, 상위 차원의 기능을 지향하게 하고 가능하게 하는 마음의 기능이 있다. 그런 상위 차원의 기능을 영혼이라고 할 때, 다른 모든 생물에도 영혼 또는 영혼의 기능이 있다는 생각을 할 수 있다. 하지만 생명기능에 필요한 영혼은 우리 인간의 마음이 가능하게 하는 영혼과 구별되어야 한다. 마음의 기능이 지향하면서 또한 마음의 기능을 통하여 인식되고 표현되는 인간의 영혼은 종교적 계시를 받고, 예술적 영감을 받는다. 철학적 통찰력으로 그 기능이 나타나기도 하고, 문학적 상상력과 창작력으로 그 기능이 표현되기도 한다. 종교, 예술, 문학, 철학을 통하여 창조적 문화를 가능하게 하는 것이 인간의 영혼이다.

이러한 몸과 마음의 관계, 그리고 마음과 영혼의 관계를 자연과 문명, 그리고 문화의 세계에 적응하여 유비적으로 설명해 볼 수 있을 것이다. 즉, 몸과 마음의 연속관계는 자연과 문명의 연속관계를 볼 수 있게 한다. 자연계의 진화 역사를 이어 가는 문명의 역사를 뜻한다. 그리고 마음과 영혼의 관계는 문명과 문화의 관계를 볼 수 있게 한다.

문명의 진화를 가능하게 하는 것은 인간의 마음이지만, 문화의 창조를 가능하게 하는 것은 인간의 영혼이다. 우리는 영혼의 기능을 마음의 기능으로 포괄하여 말할 때가 있다. 그럴 때에도 마음의 고안능력과 창조능력은 구별하여 말하는데, 고안능력은 도구나 기술을 위한 것으로, 창조능력은 예술, 문학, 종교, 철학 등에서의 창조작업을 위한 것으로 구별한다. 기발한 생각으로 새로운 것을 만들어 내는 능력과 영감으로 새로운 것을 창작해 내는 능력의 차이를 말한다.

이러한 문명과 문화의 대비 관계는 각각의 영역에서 추구하는 가치의 차이에서도 볼 수 있다. 문명적 가치는 효율성과 실용성이다. 그러나 문화적 가치는 완전성을 지향하는 것이고, 완전성을 향한 접근의 정도를 뜻하는 수월성이다. 언제나 더 우수한 가치를 지향하게 하는 것이다. 수월성의 평가를 가능하게 하는 것이다.

문명에서의 효율성과 실용성은 보편적 평가를 가능하게 한다. 문명의 힘을 과시할 수 있게 하고, 문명적 지배를 가능하게 하는 효율성과 실용성의 가치이다. 하지만 문화에서의 수월성과 완전성의 지향은 그런 보편적 평가를 허용하지 않는다. 하나의 정점을 향해 올라가는 다양한 등산로가 있듯이 문화 창조, 문화적 수월성의 길은 다양할 수 있다. 정점에 가까이 갈수록 그 다양한 길들의 상호관계가 밀접해지고, 하나로 모여지는 것 같은 생각이 들지만 각각의 길이 특수하다는 점은 사라지지 않는다. 문화적 평가는 그런 특수성을 바탕으로 하면서 우수성, 즉 완전성에의 접근성을 평가해야 하는 것이다.

문명적 성취는 힘을 과시하게 만들지만, 문화적 성취는 긍지를 갖게 한다. 동일한 문화를 공유하는 집단에게는 고유의 문화적 정체성을 자랑할 수 있게 한다. 그런 문화적 정체성과 자긍심의 근거가 되는 민족의 문화유산이 문명의 힘을 과시하는 침략군에 의해 무차별 파괴되었다면, 그것에 대한 민족적 분노는 지울 수가 없을 것이다. 용서가 가능하지 않을 것이다.

문명사회가 원시사회보다 윤리적으로 더 성숙했다고 할 수 있을까? 문명적 선진사회를 윤리적으로도 더 좋은 사회인 것처럼 착각할 때가 있다. 문명적 선진사회가 후진사회를 침략하는 전쟁이 끊이지 않는다는 사실 하나만으로도 그런 착각에서 벗어날 수 있을 것이다. 침략전쟁은 파괴와 살생을 의미하고, 지배와 착취를 의미한다. 문명인이 원시인보다 더 악하며, 문명의 힘이 강할수록 더 악해진다는 생각을 하게 된다. 그러나 원시인이든 문명인이든 인간 자체가 더 악해지거나 더 선해지는 것은 아닐 수도 있다. 문명인이 더 악해 보이는 것은 문명의 발달을 의미하는 도구와 기술이 더 다양하게, 더 악랄하게 남을 해할 수 있기 때문일 수 있다.

다만 원시사회든 문명사회든 윤리적으로 더 선하고, 더 의롭고, 더 덕스러운 사회라는 평가를 받게 되는 것은 문화의 영향 때문이라고 할 수 있다. 종교가 그 사회의 윤리와 도덕에 영향을 줄 수 있다. 예술과 문학이 윤리와 도덕에 영향을 줄 수 있다. 철학도 영향을 줄 수 있다. 그러나 그런 문화의 영역들이 윤리 문제를 책임질 수 있는 것은 아니다. 윤리와 도덕의 문제는 문명의 영역에서 일어난다. 생존경쟁이 불가피한 문명적 조건, 진화의 조건에서 일어나는 문제이다. 전쟁이 불가피한 것과 같은 이유이다. 그런 문명적 현상에 대하여, 그것을 바탕으로 해서만 존재 가능한 문화의 영역이므로, 윤리적인 영향력을 보이고자 하는 것이 종교이고 예술이다.

문학이며 철학이다. 더욱이, 그런 문화의 영역이 그것의 문명적 조건에 영향을 받아서 타락하는 결과가 초래되기도 하기 때문에 윤리적 관심을 수반하는 문화적 지향이 될 수밖에 없다는 것이다.

문화적 창조가 지향하는 완전성에 이르게 되면 윤리적으로도 완전한 사회가 될 것으로 착각하지만, 그것은 문명사회의 본질적 한계를 무시한 착각일 뿐이다. 문명의 세계는 생존경쟁이 불가피한 물질의 세계이다. 그런 물질적 · 생물적 존재의 조건을 전제하는 한 완전성에 이르는 것은 불가능하다. 그런 물질적 조건의 한계를 이해하기 때문에 순수정신의 세계를 생각하게 된다. 하지만 그것은 관념적으로만 가능하다. 문명적 바탕이 없는 순수 문화의 세계라는 정신세계는 존재하지 않는다. 마음의 기능을 떠난 순수 영혼의 세계가 존재하지 않는 것과 같다. 마음의 기능은, 물론 몸의 기능에 의존해서만 가능하다.

물리적 우주의 역사 속에서 지구상의 생명세계가 나타났고, 우리 인간의 문명사가 시작되었다. 약육강식과 적자생존을 의미하는 생존경쟁이 문명사의 본질이다. 이러한 생존경쟁의 조건이 결국 우리 인간의 문명사를 끝내게 할 것이다. 문명사의 종말은 불가피하다. 문화사는 어떠한가? 문명사의 시간이 끝나는 순간까지도 문화적 창조는 계속될 것이다. 종교에서의 깨달음을 위한 수도와 수행이 계속될 것이다. 문학과 예술에서의 창작이 계속될 것이며, 철학에서의 통찰을 위한 성숙이 계속될 것이다. 더 우수한 것을 성취해 갈 것이지만, 완전성에 이르는 것은 없을 것이다. 결국, 문명사의 시간이 멈추는 그 날이 오면, 모든 문화적 창조작업은 미완성으로 끝내게 될 것이다. 미완성 교향곡으로 남을 것이다. 스페인의 바르셀로나에 있는 '성가족 성당'을 미완성 작품으로 남긴 건축가 가우디의 깊은 뜻을 이해하게 될 것이다. 우리 인간이 남겨 두는 미완성의 문화적 작품들을 기억하면서 더욱 완전성에 가까이 가는 창조를 계속할 또 다른 별의 또 다른 인간을 생각하게 될 것이다. "인간은 문화적 존재이다."라는 말의 의미를 깨닫게 되는 순간이 될 것이다.

문화적 감동

요즈음 TV에서 볼 수 있는 프로그램은 대부분 재미있고 즐거운 것을 내용으로 한다. 그런 것이 시청률을 높인다고 한다. 웃기는 것을 업으로 하는 코미디언 또는 개그맨이 엄청나게 많다. TV를 보는 시청자들이 원하기 때문일 것이다. 현대인의 생활이 너무 스트레스를 많이 주기 때문일 것이다. 스트레스 해소가 필요한 것이지 심각해지기 위한 것이 아니기 때문일 것이다.

그러나 다행히 가끔은 감동을 주는 내용의 프로그램도 있다. 심각해져야 한다는 것은 아니지만 감동으로 눈물을 흘리게 되는 내용을 볼 수 있다는 것은 또 다른 스트레스 해소의 방법이 된다. 하지만 아예 그런 내용을 싫어하는 시청자들이 있을 것이다. 그런 시청자들이 대부분일 수 있다. 감동의 눈물을 흘리고자 하는 시청자들은 예외적일 수 있다.

미술 전시회나 사진 전시회에서는 감동을 주는 작품을 볼 수가 없다. 고전적 작품을 상설 전시하는 데서는 감동을 받을 수 있지만 현대 작가들의 작품에서는 그런 감동을 얻기가 점점 더 어려워지고 있다. 음악도 그렇다. 새롭게 작곡된 것은 거의 모두가 기교적이다. 아무런 감동이 없다. 가사가 있는 가곡에서도 가사로 택한 시(詩)는 그런대로 감동이 있지만 그 시(詩)에 붙여진 곡은 우선 맞지 않다는 거부감을 준다. 그 곡을 들으면서 그 시(詩)와 비슷한 내용의 가사가 떠오르게 해야 할 텐데 전혀 그렇지 못하다. 서양의 고전음악에 가사를 붙여 보는 것은 그런 감동이 전해지기 때문이다.

자유경쟁의 시대이고 시장경제의 시대이기 때문에 일단 상업적으로 성공하는 작품이어야 한다. 감동을 주는 작품이기 때문에 상업적으로 성공하는 것은 아니나. 상업적으로 성공하는 데는 여러 가지 시장경제의 요인들이 작용한다. 감동을 주는 문제와는 무관하다. 상업적으로 성공하면 그 자체가 작품의 가치를 높여 준다. 왜 상업적으로 성공할 수 있었느냐를 문제시하지는 않는다. 감동을 주는 예술적 가치 따위는 문제시하지 않아도 된다는 것이다.

예술작품에서 예술적 감동을 찾고 예술적 가치를 평가하고자 하는 것은 당연한 일이다. 그것이 예술의 본질 문제이다. 상업적 가치는 본질의 문제가 아니다. 다른 말로 표현하자면, 예술에서 문화적 가치를 찾는 것과 문명적 가치를 찾는 것으로 구별할 수 있다. 종교에서도 그런 구별을 할 수 있고, 철학에서도 그런 구별을 할 수 있다.

'문화'와 '문명'을 구별하는 것은 쉽지 않다. 어원상으로는 구별이 되지 않는다고 한다. '문화적 감동'과 '문명적 감탄'으로 구별해 보지만 엄격한 구별은 못 된다. '문화적 창작력'과 '문명적 고안력'으로도 구별해 볼 수 있다고 하지만 창조능력으로 함께 포함해서 말할 수 있다. 그러나 기술의 차원에서 예술의 차원으로 넘어가는 구별은 가능하다. 상업적 성공과 종교적 성공도 구별할 수 있다. 물질적 · 외형적 성공을 정신적 · 영혼적 성공과 구별할 수 있기 때문이다.

처음 미국에 가서 느낀 것은 문명적 감탄이었다. 문화적 감동은 아니었다. 문화적 차이를 느끼기도 전에 문명적 차이가 억압적이었다. 자유경쟁에서 살아남아야 하고, 시장경제에서 성공해야 한다는 것이 미국이라는 문명대국을 만들었다는 생각이 들었다. 그러면서 그 문명의 힘이 얼마나 위압적으로 모든 문화의 영역을 지배하고 있는가를 보기 시작했다.

미국의 개신교는 상업적 성공을 당연시했다. 자유경쟁과 시장경제를 특징으로 하는 자본주의와 잘 어울리는 개신교였다. 개신교 목사들은 훌륭한 경영능력을 과시했다. 그들의 설교는 무대 위의 연기자를 생각나게 했다. 연기능력으로 더 많은 교인들을 모이게 하는 경쟁을 하고 있었다.

미국의 철학은 과학화하고 있었다. 과학이 실험으로 검증되어야 하듯이 철학도 결과에 의한 검증을 가능하게 해야 한다는 주장이었다. 미국 철학의 실용주의(pragmatism)를 말하는 것이다. 그러고 보면 미국의 개신교는 이미 실용주의를 받아들이면서 성공여부를 계산하고 있었던 것이다. 철학도 방법론에 치중하면서 철학적 기술로 모든 문제를 해결할 수 있다고 믿었던 것이다. 모든 것을 도구적 가치로만 대상화하면서 결과에 의한 기술과 도구의 평가를 철학의 중심과제로 여겼던 것이다. 철학의 실용주의화를 의미했다.

예술에서의 실용주의는 상업성이 말해 주고 있었다. 상업적 성공이 작품 평가의 기본이 된 것이었다. 예술작품과 상품의 구별이 모호해지면서, 작품은 장식품으로서의 가치를 중요시하게 되었다. 장식품으로서의 작품은 우선 기발해야 한다. 기교적이어야 하고, 기술을 과시해야 하며, 장난기도 더해 주어야 한다. 그처럼 장식품화되고 상품화되는 과정에서 예술성이나 창조성은 점점 도외시하게 되었다. 예술의 실용주의화가 뜻하는 바였다.

문화적 감동에 무감각해지면서 문명적 가치에만 관심을 갖게 하는 미국문명의 풍토가 그러했다. 철학적 안목이나 통찰력은 문제시되지 않았다. 철학이 추구하는 본질적 가치에는 관심도 없었다. 철학자가 느낄 수 있는 문화적 감동이란 없었다. 종교에 대해서도 상업적 성공을 과시하고 있었으므로 문명적 후진성을 드러내는 타 종교 따위는 문제가 되지도 않았다. 종교적 배타성은 타 종교를 무시하는 태도에서 나오는 것이었다. 예술작품을 장식품 정도로만 생각했기 때문에 다른 문화권에서의 예술품을 평가할 수가 없었다.

미국 군인들이 이라크를 침략하면서 그곳의 문화유산을 무차별 파괴할 수 있었던 것은 문화적 감동에 무감각했기 때문이었다. 나치 독일군이 파리를 점령하고서도 파리를 불태우지 않기로 했던 것과는 다르다.

종교에서의 깨달음의 체험, 예술에서의 영감의 체험과 표현, 그리고 철학에서의 통찰력의 소중함을 인정하면서 그것을 문화적 감동으로 갈망하는 마음이 있을 때, 문명의 힘이 아닌 문화의 가치를 이해할 수 있다. 문명적 실용주의에 빠지지 않고 문화적 본질주의를 지향하는 종교와 예술과 철학이 살아 있을 때 문화적 감동을 말할 수 있다. 종교의 탈선, 예술의 탈선 및 철학의 탈선이 창조적 정신을 메마르게 하고 물질문명의 도구로 전락하게 하는 것을 경계할 수 있다.

문화적 감동이 문명적 감탄을 대신할 수는 없다. 적자생존에서 이겨야 하고 약육강식으로 지배해야 하는 것이 문명적 경쟁의 현장이다. 실용주의적 가치관을 불가피하게 만드는 자유경쟁의 현실이고 시장경제의 현장이다. 하지만 그런 현실과 현장에도 불구하고 그것에 구속되지 않고 정신적 자유로 창조해 가는 것이 문화의 세계이다. 종교의 길이 있고, 예술의 길이 있으며, 철학의 길이 있는 문화의 세계이다.

궁극적 관심

도덕철학에서 칸트가 깨달은 바는 우리에게 주어진 도덕적 의무는 그것을 실행할 능력을 함축한다는 것이다. 실행할 능력이 주어지지 못한 일을 도덕적 의무로 부과할 수는 없다는 것이다. 어린아이에게 도덕적 의무와 책임을 묻지 않는 이유가 그런 것이다. 다른 동물에게 인간사회의 도덕률을 적용하지 않는 것도 그런 이유 때문이다. 우리 인간만이 도덕적 존재라고 하는 이유이다.

그런데 실행할 능력이 있는 것은 무엇이든 도덕적 의무라고 할 수도 있는가? 칸트도 그런 함축관계를 받아들이지는 않았다. 도덕문제의 영역이 제한되어 있음을 의미한다. 그 대신 문화철학의 영역으로 오면, 창조적 능력은 창조의 의무를 함축한다는 조건관계를 긍정할 수 있을 것 같다. 문화철학이 도덕철학과 다른 점은 보편적 의무부여를 하는 도덕의 영역을 전제하는 것과 그런 보편적 의무를 말하지 않는 문화 창조의 영역이 보여주는 차이이다. 누구나 문화 창조에 참여해야 한다는 보편적 의무를 말할 사람은 없다. 그러나 문화 창조의 능력이 있는 사람, 그런 능력을 스스로 인식하는 사람에게는 문화 창조의 의무가 부여된다는 것이다. 문화 창조에 참여하는 것을 당위로 받아들여야 한다는 것이다. 인간은 문화적 존재라고 하는 말의 의미를 함축하는 것인데, 누구나 보편적으로 참여해야 하는 문화 창조가 아니라, 능력을 부여받은 사람들이 마땅히 참여해야 하는 창조작업이라는 것이다.

문제는 그런 창조의 능력을 스스로 어떻게 발견하고 확인하느냐는 것이다. 문화 창조가 이루어지는 영역은 주로 문학, 예술, 종교 그리고 철학에 있다. 과학은 문명의 발달에 기여하는 부분과 문화 창조에 기여하는 부분으로 나누어 생각할 수 있다. 과학이 문학, 예술, 종교, 철학에 영향을 주는 측면을 고려하면 문화 창조에 참여하는 영역으로 생각할 수 있다. 그렇다면 이런 문화 창조의 영역에서 능력을 타고났다거나, 능력의 개발을 자신할 수 있게 된다는 것은 무엇을 말하는가? 어떻게 그것을 확인할 수 있는가? 천재적 능력을 말할 사람들이 있을 것이다. 어릴 때부터 확인할 수 있는 특수 능력을 말한다. 하지만 천재적 능력을 인정받은 아이들의 경우도 결국은 성장과정을 통해서 확인되어야 한다. 어릴 적 천재가 나중에는 둔재로 변해 버리는 예가 너무 많다. 결국 종교적 수도자로서, 문학인으로서, 예술가로서, 철학자로서, 또는 과학자로서 성장하면서 자신의 창조능력을 확인해 갈 수밖에 없다는 것이다. 교육의 기회가 중요하고, 창조작업을 해 보는 체험과 성취가 중요하다는 뜻이다. 문화 창조를 위해 그런 능력을 확인하는 문화적 분위기가 절대적으로 중요하다는 것을 말한다.

'문예부흥'이라는 말이 의미하듯이 인간의 문화사에는 문화적 창조가 집중적으로 특정 시공간에서 일어나는 예들이 있다. 철학에서도 그렇고, 종교에서도 그렇다. 문학에서도 예술에서도 그렇다. 과학에서의 비약적 발전사도 그렇다.

지금 우리는 그런 '문예부흥' 또는 문화 창조의 시대를 맞이하고 있다. 서구의 문화가 동양의 전통문화와 만나면서 새로운 문화 창조를 가능하게 하는 시대와 지역에 우리가 위치해 있다는 것이다. 게다가 문화 창조의 바탕이 되어 주는 문명적 조건이라는 면에서도 우리 사회는 충분한 준비를 갖추고 있는 상태이다. 문명적 자신감이라고도 할 수 있다. 서구 선진국들의 문명적 지배를 벗어날 수 있다는 자신감이 우리와 일본 그리고 중국을 중심으로 점차 확인되고 있으므로 이제는 서구 문화의 영향으로부터 독립하면서 새로운 문화 창조의 시대를 열어 갈 수 있다는 것이다.

스스로 철학자가 되어 철학으로 문화 창조에 참여할 수 있는 능력을 확인하게 된 것은 대학 시절 내 마음에 새겨 둔 '궁극적 관심'(the ultimate concern)이란 말 때문이었다. 철학적 신학(philosophical theology)을 주장한 폴 틸리히(Paul Tillich, 1886~1965)의 말로, 종교적 신앙을 '궁극적 관심'으로 설명한 그의 신학 사상이었다. 나는 철학적 신학을 나의 전공으로 받아들였다. 그 과정은 신학을 3년, 또 철학을 3년 공부해서 학위를 마치는 것이었다. 프린스톤신학교를 가서 신학공부를 시작했으나 3년을 버틸 수는 없었다. 한 해 동안의 신학공부로 만족하고 철학으로 옮겼다. 그러나 종교에 대한 관심을 버린 적은 없었다. 나의 '궁극적 관심'은 종교적 관심이었으며, 또한 철학적 관심이었다. 그러면서 또한 나는 건축학으로 시작했던 대학 과정을 잊을 수 없었다. 대학 3학년 첫 학기까지도 나는 건축학도였다. 건축공학이 아닌 건축예술을 전공하고자 한 건축학도였다. 이런 건축예술에 대한 나의 관심은 예술에서의 '궁극적 관심'을 추구할 수 있게 한 것이다.

'궁극적 관심'은 나의 화두였다. 철학을 계속할 수 있게 해 준 나의 화두였다. 종교적 수도자가 될 수도 있었다는 생각을 했지만 철학자의 길을 선택했기 때문에 나는 수도자의 '궁극적 관심'에도 마음에 두었다. 그런 수도자를 만나고자 했다. 불교의 스님으로서 또는 가톨릭의 신부로서 그런 수도자를 만날 수 있었던 것은 언제나 나의 철학에 깊은 영향을 주는 체험이었다. 문학에서도, 예술에서도 나는 '궁극적 관심'으로 창작에 몰두하는 사람을 만나고자 했다. 직접 만날 수 없을 때는 작품을 통해서라도 그런 예술가와 그런 문학인을 만나고자 했다.

'궁극적 관심'을 화두로 하면서 종교와 예술, 문학과 철학에서 그런 관심을 가진 사람을 찾는다는 것은 우선 수도자의 마음, 예술가의 마음, 문학인의 마음 그리고 철학자의 마음이 어떤 관심 문제에 중심을 두고 있는가를 물어보게 한다. 현실문제에 관심을 두는 것이 아니다. 역사적 문제에 관심을 두는 것도, 이상을 추구하는 문제에 관심을 두는 것도 아니다. 궁극적 관심은 그런 관심 문제들을 넘어서 그야말로 궁극적이고 근원적이고 본질적이고 가장 심각한 문제에 관심을 갖는다는 것이다.

'궁극적 관심'은 마음의 관심을 말하는 것이지만 '궁극적' 관심이어야 하기 때문에 그것은 영혼의 관심이라고 해야 한다. 마음의 영혼기능에 해당하는 것이라고 해야 한다. 마음과 영혼을 정확하게 구별할 수는 없다. 그러나 마음의 기능 중에서 영혼의 기능을 특수화시킨다면 그런 영혼의 기능을 마음의 다른 기능들과 대비시킬 수는 있다. 또 그런 영혼의 기능은 우리의 마음이 영감을 받는 기능으로 이해할 수 있다.

종교적 계시를 받는 것도 일종의 영감이다. 종교적 깨달음에 이르는 것 역시 또 다른 영감이다. 예술적 창작도 영감으로 시작된다. 문학적 창작을 가능하게 하는 상상력에도 영감이 있어야 한다. 철학적 통찰력에도 영감의 작용이 있어야 한다. 과학에서의 이론적 가설을 세우는 일에도 영감의 힘이 있어야 한다. 이러한 영감을 영혼의 기능으로 말할 수 있는 것은 그것이 보여 주는 정보기능의 작용 때문이다. 영감을 받는다는 것 자체가 정보기능을 말하지만, 그런 영감으로 얻은 정보내용은 감동이나 공감으로 다른 사람들에게 전달된다는 것이다. 영혼의 감동이 일어나게 한다는 것이다. 종교와 예술 그리고 문학에서의 감동은 당연한 것으로 이해되고 있다. 철학에서의 감동은 소크라테스를 성인(聖人)의 한 사람으로 생각한다는 데서 볼 수 있다. 과학에서의 감동은 아인슈타인이 입증해 준다. 미국 뉴욕의 한 교회당에는 종교적 성인(聖人)들과 함께 아인슈타인의 상(像)이 한 자리를 차지하고 있다.

'궁극적 관심'은 영혼의 관심을 말한다. 영감을 얻게 하는 관심이며,

그런 영감을 영혼의 감동으로 전하게 하는 관심을 말한다. 그러면서 영혼의 기능에 민감해지는 것을 말한다. 현실세계 속에서도 다른 사람들의 영혼에 관심을 갖게 하는 것이다. 영혼의 아픔을 느끼게 하고, 영혼의 소리, 영혼의 갈망을 듣게 하는 것이다. 뿐만 아니라 역사 속에서도, 역사의 이상을 추구하는 데서도 영혼의 문제를 심각하게 받아들이도록 한다. 이처럼 영혼의 문제에 관심을 둘 때 '궁극적 관심'은 현실적 관심과 역사적 관심, 그리고 이상적 관심과 연관이 되어 전체적 관심으로 표현될 수 있다는 것이다. 이러한 점들은 '궁극적 관심'을 말하는 종교와 예술, 문학과 철학이 현실과 역사를 떠날 수 없음을 말해 준다. 이상을 추구하면서도 추상화되거나 관념화될 수 없음을 말해 준다.

'궁극적 관심'을 이처럼 영혼의 관심으로 이해하고, 영감과 감동이라는 정보기능으로 현실세계와 역사의 세계, 그리고 이상의 세계에까지 영향을 줄 수 있다고 할 때, 그런 영혼의 기능에도 분명 그 자체의 논리가 있어야 할 것이다. 영혼의 정보기능을 가능하게 만드는 논리가 있어야 할 것이다. 하지만 지금까지 우리 인간이 유형화하고 도구화한 논리는 그런 영혼의 기능의 논리에 미치지 못하고 있다. '궁극적 관심'의 대상으로 생각할 수는 있지만, 그 관심을 논리적으로 설명해 줄 논리가 우리 인간에게는 준비되어 있지 않다는 것이다. 그 관심을 '궁극적'이라고 하는 것은 그것이 우리 인간의 인식능력을 벗어난 것임을 말하는가? 인간의 논리가 미칠 수 없는 한계 조건을 말하는 것인가? 철학의 논리가 멈추어야 하는 한계를 말하는 것인가?

문화적 심각성

나는 심각한 아이였다. 다른 아이들처럼 장난도 칠 수 없는 심각한 아이였다. 늘 학급 반장을 해 왔기 때문이었는지도 모른다. 하지만 꼭 그것만은 아니었던 것 같다. 집안이 가난한 친구들이나 고아원에서 자라고 있는 형제 친구들을 보면서 드는 생각들이 나를 심각하게 만들었을 것이다. 친엄마가 아닌 새엄마 때문에 집에서 고생하는 친구도 내게는 특별한 관심의 대상이 되었다.

일제시대의 마지막을 겪어야 했던 것, 해방 후 좌우익 싸움의 현장을 목격했던 것, 6. 25 한국 전쟁이 가져온 비참한 현장들을 체험한 것이 나를 심각하게 했을 것이다. 왜 그런 일이 있어야 하는가를 심각하게 생각하는 성격이었기 때문이다.

항상 좋은 친구들이 곁에 있었기에 그런 나의 심각성이 문제가 되지 않고 학교 생활을 잘 해 낼 수 있었다. 그러나 친구들도 나에게는 장난치는 일 같은 것을 허용하지 않았다. 내게는 맞지 않는 일이라고 하면서 친구들이 막아서서 나를 '보호'해 주었다. 고마운 친구들이었다.

하지만 미국에서 대학 생활을 하게 되자 그런 나의 모습, 나의 특성이 두드러지게 되었다. "너는 왜 그렇게 심각하냐?", "너는 왜 모든 것을 그토록 심각하게 생각하느냐?" 이런 말을 미국 친구들로부터 듣게 되었다. 건축학을 전공한다고 할 때도 그랬고, 철학을 전공하기로 한 때도 그랬다. 신학을 전공하던 때도 그랬다. 유학생활이 특별히 힘들었기 때문은 아니었다. 마음의 여유가 있을 정도로 대학 생활을 즐길 수 있었다. 내가 원하는 전공으로 바꾸어 할 수 있을 만큼 학업에서도 성공적이었다.

고등학교 시절 철학 선생님이 내게 철학전공을 권했다는 사실은 철학자다운 심각성을 내게서 보았기 때문이었으리라는 생각이 든다. 하지만 철학을 전공하지 않았더라도 나는 여전히 심각했을 것이다. 그러나 철학 교수로서 생애의 일을 마친 지금 돌이켜 생각해 보면, 나의 심각성과 철학교수라는 직책은 참으로 잘 맞았다. 철학 강의였기 때문에 자연스럽게 심각할 수 있었다는 것이다.

아마 내게서 철학 강의를 들은 학생들은 나의 심각성을 철학적 심각성이라고 생각했을 것이다. 그것은 당연한 일이다. 그러나 나는 나의 심각성을 철학에 국한시켜서 생각한 적이 없다. 철학에서의 심각성은 말할 것도 없지만, 나의 심각성은 철학을 넘어서 예술과 문학, 그리고 종교에까지 관심을 갖게 했다.

철학을 하기 때문에 심각해지고, 심각하기 때문에 철학을 하게 되는 것이라면, 그런 심각한 사람을 종교에서도 만날 수 있고, 문학과 예술에서도 만날 수 있다. 이처럼 종교에서, 예술에서, 문학에서 그리고 철학에서 우리를 심각하게 하는 것을 나는 '궁극적 관심'이라고 생각해 보았다. 이 말은 폴 틸리히가 종교적 신앙을 개념화한 것이다. '철학적 신학'이라고 한 그의 신학사상을 말해 주는 개념이다. 그런 '궁극적 관심'을 철학과 예술 그리고 문학에까지 확장하여 적용해 봄으로써 우리를 심각하게 하는 이유를 이해해 보고자 하는 것이다.

우선 종교, 예술, 문학, 철학에서의 심각성을 '문화적 심각성'이라고 하여 다른 심각성과 구별하고자 한다. 일상생활 속에서 우리를 심각하게 하는 일들은 언제 어디서든지 발생할 수 있다. 우리를 불행하게 하는 온갖 사건들이 우리를 심각하게 만든다. 그러나 '문화적 심각성'은 그런 일상적 심각성과 같은 것이 아니다.

'문화적 심각성'은 '궁극적 관심'에서 오는 심각성이다. 종교에서, 예술에서, 문학에서, 철학에서 '궁극적 관심'은 우리 인간의 한계성을 의식하게 한다. 그러면서 그 한계성을 넘어가 보려는 도전을 하게 한다. 인간의 창조능력을 그 한계성에 이르게 하는 시도를 하게 하고, 그 한계성을 부정해 보고자 하는 시험을 해 보게 한다는 것이다. 심각해지지 않을 수 없는 한계상황을 의미한다. 미치게 할 수 있는 상황을 말한다. 미술에서 반 고흐가, 철학에서는 니체가 체험했던 상황이다.

물론 심각한 것만이 예술이고, 심각한 것만이 철학이라고 말하려는 것은 아니다. 예술의 즐거움을 말할 수 있고, 문학의 즐거움을 말할 수 있다. 철학의 즐거움을 말하는 사람도 있고, 종교는 우리를 편하게 해 주기 위한 것이라고 말하는 사람도 있다. 심각해야 할 이유가 없다는 것이다. '문화적 심각성'보다는 '문화의 즐거움'을 찾는 사람들이다.

심각한 것만 예술이라고 할 수는 없지만, '궁극적 관심'으로 예술을 접해 보고픈 마음인데 그렇지 못한 작품을 만나게 되면, 어쩐지 나는 사기당한 느낌을 갖게 된다. 심각하지 못한 것을 탓하게 된다. 심각하지 못한 것은 경박하고 천박하다. 저속하고 치졸하다. 상투적이고 통속적이다. 예술에서만 그런 것이 아니라, 문학에서도 그렇다. 종교에서도 그렇고 철학에서도 그렇다. '문화적 심각성'으로 볼 때 그렇다는 것이며, '궁극적 관심'을 문화 창조의 이유로 볼 때 그렇다는 것이다.

인간의 창조능력을 그 한계상황에 이르도록 하는 도전을 멈추지 않는 수도자와 예술가, 문학인과 철학자를 만나면서 '문화적 심각성'의 의미와 '궁극적 관심'의 의미를 확인할 수 있다는 것은 또 다른 즐거움이다.

역사철학

스티븐 호킹(Stephen Hawking)은 그의 저서 《시간의 역사》를 끝맺는 마지막 문단에서 역사철학의 문제를 제기한다. 우주의 모든 현상을 물리학적으로 설명하는 과학의 작업이 완성될 미래를 내다본 호킹은 그때가 오면 우리 인간은 또 다른 차원의 문제를 제기하리라고 생각했다. 시간적으로 존재하는 모든 것, 즉 역사가 있는 모든 것을 과학적으로 설명하고 나면 우리 인간은 그 모든 것의 존재의미를 묻게 될 것이라고 했다. 존재의 의미를 물어보는 그런 질문을 하게 될 때 우리는 비로소 하느님의 마음을 이해할 수 있으리라고 했다. 그 이후 호킹은 어느 강연회에서 하느님의 문제가 어떻게 제기될 수 있으며, 어떻게 과학적 설명과 연관될 수 있는가에 대한 질문을 받았다. 장시간 숙고한 호킹은 하느님에 관한 논의는 할 수 없다는 대답을 했다.

모든 현상을 과학적으로 설명한다는 것은 법칙에 따른 인과적 관계로 설명한다는 것이다. 그런 과학적 설명을 다한 후에도 남는 문제는 존재이유에 관한 것, 또는 존재의 의미에 관한 것이다. 그런 이유나 의미의 질문을 할 수 있다는 것이 우리 인간의 능력이다. 호킹은 그것을 당연한 질문으로 받아들인 것이다. 불가피한 질문으로 보았던 것이다. 그러면서도 과학으로 돌아가서 그 해답을 구할 수는 없다는 것을 잘 알고 있었다. 과학적 설명의 차원을 넘어서는 질문이기 때문인 것이다. 호킹은 유대교-기독교를 바탕으로 하는 문화권 출신의 물리학자로서 자연스럽게 존재의 이유와 의미에 관한 질문의 답을 '하느님의 마음'에서 찾게 되리라고 생각한 것이다.

역사의 의미에 대하여 가장 뚜렷한 해답을 주는 것이 유대교-기독교의 역사관이다. 모든 역사는 하느님의 창조로 시작되었으며, 모든 역사의 과정은 하느님이 주관하는 바대로 진행되고 있다는 것이다. 그리고 또한 하느님의 뜻에 따라 역사가 완성된다는 것이다. 그런 하느님의 역사를 위해 선택된 민족이 이스라엘 민족이라는 것이다. 그런 이스라엘 민족을 위해 약속한 메시아가 예수라고 함으로써 기독교는 유대교와 결별하게 된 것이며, 더 나아가 기독교인들이 스스로 이제는 하느님이 선택한 사람들이라고 주장하게 된 것이다. 함석헌의 《뜻으로 본 한국 역사》는 이러한 유대교-기독교의 역사관을 우리 민족의 역사에도 적용하여 역사의 의미를 부여해 보고자 한 시도이다.

헤겔(Hegel)의 역사철학은 유대교-기독교의 역사관에서 하느님의 존재를 철학적으로 문제시함으로써 '하느님' 대신 '절대정신'을 선택한 철학 사상이다. 절대정신이 우리 인간의 정신을 통하여 역사를 발전시켜 간다고 하며, 변증법적 논리를 역사발전의 논리이면서 또한 인간 사유의 논리라고 함으로써, 역사에서의 절대정신과 인간정신의 관계를 설명할 수 있었던 것이 헤겔 역사철학의 성과였다.

그러나 마르크스가 본 역사의 현실은 그렇지 않았다. 역사 현실을 지배하는 힘은 하늘에서 오는 정신력도, 인간의 정신력도 아닌 물질적 힘이라는 것이다. 경제적 조건, 경제적 관계가 모든 것을 결정하는 기본이고, 바탕이며 정신적인 것은 그것에 의해서 결정된다는 것이다. 헤겔의 정신사관을 대신하여 마르크스는 유물사관을 제시했다. 문명사관과 문화사관으로 비교할 때 문명사관의 우선성과 지배력을 극단화한 것이다. 문화사관은 문명사관의 그림자 정도로 여기게 된 것이다.

중국의 문화혁명은 유물사관의 지배가 문화의 역사를 어떻게 무시할 수 있는가를 보여 주는 역사적 사건이었다. 유물사관의 오류였다. 소련과 동구의 사회주의 체제 역시 유물사관의 입장에서 문화의 역사를 무시한 과오를 범했던 것이다. 사회주의 체제의 몰락을 가져온 주요 원인이었다고 할 수 있다. 문명사관으로는 역사가 지탱될 수 없기 때문이다. 문명사를 바탕으로 하는 문화사의 정신적 힘이 필요하기 때문이다.

문명사를 지배하는 힘은 경쟁력이다. 경쟁을 위한 수단은 갈등과 분파를 가져올 수 있다. 전체 사회를 혼란스럽게 할 수 있으며 외세의 침투에 무방비 상태가 될 수 있다. 소련의 공산주의 체제가 무너진 상황적 조건이었다고 할 수 있다. 그런 위기의 상황에 이르지 않을 수 있게 하는 것이 전체 사회를 통합시켜 주는 정신력이다. 문화적 자부심과 정체성이 가능하게 하는 정신력이다.

미국을 능가할 수 있는 경제적 대국의 꿈을 내다보게 된 오늘의 중국은 이제 문화적 자부심과 정체성에 관심을 갖기 시작했다. 전통문화를 다시 살려서 정체성을 확립하고자 한다. 유교의 현대적 의미를 찾는 것이 그런 시도와 정책의 일환이다. 전통문화의 바탕 위에서, 중국문화의 정체성을 지켜 가면서 새로운 문화 창조에 역점을 두고 있다. 경제 대국이라는 문명의 힘을 바탕으로 하면서, 그 힘을 지켜 가기 위한 문화 대국으로서의 중국을 지향하고 있는 것이다. 소련과 동구의 사회주의 체제가 실패한 역사로부터 배울 수 있었던 중국 사회주의자들의 선택이라고 할 수 있다. 유물사관에 지배되어 문화혁명이라는 오류를 범했던 지난 시대를 완전히 청산할 수 있게 된 것이 사회주의 중국으로서는 참으로 다행한 일이 아닐 수 없다.

그런 유물사관의 오류와 비슷한 오류가 오늘의 과학사관 또는 과학기술사관에서도 나타나고 있다. 과학기술이 지배하는 역사로 모든 역사를 말할 수 있는 것처럼 착각하는 오류이다. 과학기술이 지배하는 역사는 문명사로 제한된다는 사실을 간과하는 것이다. 그런 착각 때문에 '과학문화'라는 말도 아무런 제한 없이 쉽게 쓰고 있다. 종교, 예술, 문학, 철학이 주도해 온 문화에 과학이 참여할 수 있다는 뜻으로 해석할 수 있는데, 이것은 과학의 한계를 이해하지 못한 착각이다. 심지어 과학이 종교, 예술, 문학 및 철학을 대신할 수 있을 것처럼 말하기도 하는데, 이것이야말로 과대망상이다. 과학기술이 지배하고 주도할 수 있는 역사는 문명사에 제한된다는 사실을 잊어서는 안 된다.

《시간의 역사》를 과학의 발전 역사로 설명하고 이해하면서, 그런 역사 이해를 넘어선 역사철학적 문제를 볼 수 있었던 호킹은 참으로 우리 시대의 선지자라고 할 수 있다. 과학문명을 넘어서 종교의 세계, 예술과 문학의 세계, 그리고 철학이 보는 역사의 세계가 만들어갈 문화의 영역을 내다본 이가 호킹이다.

문명의 역사에서 선진국이 되는 것만으로도 우리에게는 힘든 과제이다. 과학기술의 힘이 아니면 불가능한 과제이다. 선진국이 되는 것으로, 즉 과학기술의 힘으로 선진국의 대열에 참가하게 되는 것만으로 모든 문제가 해결될 수 있다는 생각이 오늘의 과제이다. 그런데 과학기술에는 문화적 색깔이 없다. 과학기술에 의한 경쟁에서는 문화적 특색을 문제시하지 않아도 된다. 그야말로 자유경쟁을 가능하게 하며, 시장경제의 질서가 지배하게 한다. 하지만 그런 시장의 상품에 묻어오는 것은 생산국의 문화이다. 우리가 미국 상품이나 일본 상품에서 느끼는 미국 문화와 일본 문화의 침입이다. 아마 앞으로는 중국 상품에서 중국문화의 침입을 느끼게 될 것이다. 지금은 중국에서 생산된 미국 상품이나 일본 상품을 값싸게 살 수 있다는 것으로 생각할 수 있다. 그러나 중국이 중국문화의 상품을 생산하기 시작했으므로 중국문화의 영향을 무시할 수 없게 될 것이다.

모든 것은 역사적으로 생각하면서, 또한 문명사적으로 보는 측면과 문화사적으로 보는 측면을 구별하는 것이 필요하다. 역사철학적 관점이 필요하다는 것이다. 문화적 전통의 문제를 제기하고, 문화적 정체성의 문제를 의식하면서, 어떤 것이 새롭게 창조되고 있는가에 관심을 두어야 한다는 것이다. 그런 문제의식으로 역사 현상을 바라볼 수 있을 때 비로소 우리는 우리 역사와 문화에 대한 책임을 질 수 있을 것이다.

혁명의 철학

철학 강의에 대한 수강생들의 반응 때문에 철학자들이 착각할 때가 있다. 철학으로 군중을 선동할 수 있으리라고 착각하는 것이다. 군중의 힘으로 세상을 바꿀 수 있으리라고 생각하게 된다는 것이다. 철학자가 '3일 천하'를 꿈꾸는 것이 그런 착각 때문이다. 혁명을 성공해서 세상을 뒤집어 놓고 새로운 권력집단에게 정권을 넘겨주는 일이 3일이면 된다는 말이다. 철학자 자신이 정권을 장악할 욕심은 없으니까 혁명으로 세상을 바꾸어 놓는 일만 해 낸다는 뜻이다. 물론 가능한 일이 아니다. 철학자의 망상일 뿐이다. 그런데 왜 철학자들이 이런 착각으로 이런 망상에 빠지는가를 생각해 보면 이해가 불가능한 것도 아니다.

철학자가 보는 현실은 구체적이기보다는 일반적이다. 개별 현상들을 보면서도 그런 현상들에 일반적으로 나타나는 구조의 문제, 체제의 문제,

조직의 문제, 인간적 요인의 문제들에 관심을 갖게 된다. 현실을 보면서도 현실과의 거리를 두면서 일반적이고 전체적인 현실을 보고자 한다. 나무 하나하나를 보면서도 전체 숲을 본다는 것과 같은데, 결국은 나무 하나하나를 제대로 보는 것으로부터는 멀어질 수밖에 없다는 것이다. 철학이 현실에 대하여 비판적일 수 있는 것도 그런 거리감을 두면서 현실을 보기 때문에 철학 특유의 비판이 가능하다는 것이다. 말하자면, 전체적인 변화를 필요로 하는 비판을 하게 된다는 것이다. 구조와 체제를 완전히 바꾸어야 한다든지, 조직과 사람을 완전히 바꾸어야 한다는 생각을 하게 된다는 것이며, 이런 변화를 생각한다는 것은 곧 혁명을 말하는 비판이 되고 만다는 것이다. 이것이 철학자들이 현실에 대하여 과격한 발언을 하게 되는 이유이다.

철학은 현실문제를 근본의 문제나 본질의 문제로 본다는 말도 같은 맥락으로 이해할 수 있다. 그런 비판의 시각으로 볼 때 현실 속에서 종교나 예술이 하고 있는 역할도 철학자에게는 비판적으로 보일 수 있다. 잘못된 정치, 잘못된 언론을 비판하는 것은 문제가 되지 않는다. 현실을 지배하고 있는 권력 체제 또는 지배 집단이 철학자의 발언을 환영하지 않는 이유이다. 소크라테스를 정치적 재판으로 처형하게 되는 이유이다.

철학자는 기존의 어떤 권력 체제에 대해서든 비판적일 수밖에 없는데, 그 비판이 혁명적 비판이기 때문에 배척을 받게 된다는 것이다. 결국 철학이 어느 정도 설득력이 있으며, 어느 정도 선동력이 있느냐에 따라서 집권 집단에서는 대응책을 선택하게 되는 것이다. 소크라테스의 영향력이 당시의 젊은이들을 '타락'시켜서 정치 사회적 혼란을 가져올 수 있다고 판단되었기 때문에 정치 재판으로 그를 제거하게 되었던 것이다.

철학의 입장에서 볼 때, 소크라테스가 정치적 재판으로 처형된 것은 불가피한 귀결이었다. 다만 소크라테스 자신은 정치권력에 도전하지 않았으며, 철학을 바탕으로 한 정치적 혁명을 획책하지 않았다는 사실이 중요하다. 정치적 재판으로 독배를 마셔야 하는 운명을 받아들임으로써 소크라테스는 그의 철학적 비판이 유의미하다는 것을 후세에 남기게 되었다. 생명을 대가로 하면서까지 철학자는 현실에 대한 비판자로 살아 있어야 한다는 것을 교훈으로 남겨 준 것이다.

철학자는 현실에 대하여 혁명적 비판을 할 수 있다. 역사가 어떤 방향으로 발전해 가야 한다는 것을 철학의 이상(理想)으로 말할 수 있다. 역사철학을 말할 수 있다. 헤겔의 역사철학이 그런 것이다. 그러나 현실역사의 구조와 체제를 지배하고 있는 사상이나 이념에 대하여 철학적 비판을 하면서 새롭고 더 이상적인 이념을 제시하는 데까지 이르게 되면 마르크스와 같은 이념적 철학자가 된다. 헤겔의 역사철학에서 마르크스의 이념철학으로 철학이 발전할 수 있다는 뜻이다. 지금은 이념시대라고 할 만큼 역사의 문제를 이념적으로 다루는 것이 당연시되어 있으므로 현실을 비판하고자 하는 철학자는 마땅히 이념적 철학자가 되어야 한다. 철학자의 현실비판은 이념의 선택을 불가피하게 한다는 것이다.

그런데 마르크스는 혁명을 주장하는 이념적 철학자였지만 그 이념으로 혁명을 실현한 혁명가는 아니었다. 마르크스의 공산주의 이념으로 혁명을 성공시킨 혁명가는 레닌과 모택동이었다. 그리고 레닌이나 모택동은 철학자가 아니었다. 철학자는 레닌이나 모택동 같은 혁명가가 될 수 없다. 철학자는 혁명적 이념을 주장하는 마르크스 같은 사람이 될 수 있을 뿐이다. 역사적 현실 속에서 혁명을 주도하고 성공시키는 혁명가가 되어야 하는 것은 철학자의 몫이 아니다.

현실역사에서는 이념적 혁명을 성공시키는 것만으로 진보적 변화가 이루어지는 것이 아니다. 이념적 혁명에 맞는 통치를 해 낼 지도자를 필요로 한다. 이념적 혁명가인 레닌에 이어서 이념적 통치자로 등장한 사람은 스탈린이었다. 또한 이념적 혁명가 모택동을 이어 이념적 통치자로 조금 뒤늦게 등장한 사람은 등소평이었다. 그런데 스탈린의 이념적 통치는 결국 소련에서의 공산주의 체제를 붕괴시키게 되었으며, 등소평의 이념적 통치는 중국에서의 공산주의 체제를 지탱해 가고 있다.

마르크스의 이념적 철학이 이념적 혁명을 거쳐서 이념적 통치에 이르게 되면서 여러 가지 현실 역사적 조건들을 수용하지 않을 수 없게 되었다는 뜻인데, 소련의 경우는 그런 수용적 통치의 능력에서 체제 붕괴를 초래하는 한계를 보였다는 것이다. 중국의 경우는 그런 수용적 통치 능력이 어느 단계의 역사 발전에까지 유효할 것인지를 기대해 보게 한다.

철학적 관점에서 볼 때, 철학적 혁명가는 있을 수 없다고 했다. 마찬가지로 철학적 통치자도 있을 수 없다. 마르크스는 철학자였지만, 레닌은 철학자가 아니었다. 스탈린도 물론 철학자가 아니었다. 같은 의미로 모택동과 등소평도 철학자가 아니었다. 그러나 마르크스가 있었으므로 레닌과 스탈린이 있었고, 또한 모택동과 등소평이 있었다는 사실은 무시할 수 없다. 이 사실은 철학자와 현실역사와의 거리를 말해 준다. 역사에서의 혁명을 주장하는 철학일지라도 현실역사에서 그런 혁명이 실현되려면 그것을 이념으로 받아들여서 실천하는 혁명가와 통치자가 있어야 한다는 것이다.

물론 철학자가 변신하여 혁명가가 되거나 통치자가 될 수는 있다. 하지만 철학자로 남아 있으면서 혁명가도 되고 통치자도 되는 것은 가능하지 않다는 것이다. '철학자-통치자' 또는 '철인왕'을 개념화한 플라톤은 현실역사의 문제를 충분히 인식하지 못했던 것이다. 플라톤 철학의 영향을 받은 서양의 정치사에서 '철학자-통치자'로 인정될 수 있는 통치자가 지금껏 한 사람도 없었다는 사실이 '철인왕'이라는 개념의 허구성을 입증해 준다.

마르크스가 될 수 있고, 마르크스가 되어야 할 철학자는 많다. 철학이 존재해야 하는 이유의 하나라고 할 수 있다. 다만 철학의 진보주의, 철학의 혁명사상, 철학의 역사적 이상(理想)이 현실역사 속에서 실현되기 위한 조건에는 철학자가 직접 참여할 수 없는 인간적·역할적·능력적 및 전략적 요인들이 작용하고 있다는 사실을 결코 간과해서는 안 되는 것이다.

역사 발전의 이상(理想)을 말하기 위해 현실을 비판해야 하는 철학자는 전술가가 될 수 없다. 현실역사를 비판적으로만 보게 되면 전술적 대안을 생각해 낼 수 없기 때문이다. 그런데 혁명가나 통치자에게는 정확한 현실 파악에 근거한 전술 전략의 능력이 필수적이다. 현실의 상황을 있는 그대로 정확하게 구체적으로 파악하면서 세워야 하는 전술이고 전략이기에 철학자가 참여할 수 있는 영역이 아니라는 것이다.

'3일 천하'를 위해 철학자가, 또는 철학자들이 혁명을 주도한다는 것은 현실적으로 불가능한 일이다. 대단히 관념적인 철학자의 착각이며 망상일 뿐이다. 하지만 철학자에게는 또 다른 유혹이 있다. 예컨대 쿠데타 방식의 군사혁명을 성공시킨 집권 집단이 이념적 주도자의 역할을 위해 철학자를 필요로 할 수 있다. 뚜렷한 이념적 철학을 내세운 쿠데타가 아니었기 때문에 뒤늦게라도 그런 이념적 정당화가 필요하다는 뜻이다. 어떤 이념적 철학이 필요하다는 것인가? 쿠데타로서의 군사혁명을 정당화하는 이념적 철학이어야 한다. 또 군사독재를 불가피하게 하는 통치 전략을 정당화하는 이념적 철학이어야 한다. 이념이 있는 혁명과 이념이 있는 통치로 보이게 하자는 것일 뿐이지 혁명적 이념과 통치적 이념이 될 수 있는 철학적 이념을 받아들이자는 것이 아니다. 권력의 시녀가 된 그런 철학자는 결국 권력이 곧 정의라는 현실주의적 합리화를 말하다가 '쓰레기 철학자'로 버림받는 신세가 되고 말 것이다. 철학자가 직접 혁명이나 통치에 참여할 수 있는 길은 없다. 성공한 이념적 혁명과 이념적 통치에 대해서도 철학자는 그것을 현실로 받아들이면서 비판자의 입장에 서야 한다. 하물며 그런 이념적 철학의 바탕도 없이 군사 쿠데타로 집권한 집단에 대해서는 마땅히 비판하는 입장에서 철학자의 현실참여를 실천해야 할 것이다.

사람의 마음, 사람의 세상

지금 우리 인간이 만들어 가는 세상은 너무 빨리 변하고 있다. 과학기술의 힘 때문이라고 한다. 인간의 능력을 말해 주는 현상이라고 한다. 급변하는 인간 세상은 다양하고 복잡해진다. 다양하고 복잡한 만큼 사람들을 자유롭게 해 준다고 한다. 자유롭게 경쟁할 수 있도록 해 준다는 것이다. 그런 경쟁의 결과는 사람들 간에 차등화를 불가피하게 한다. 경쟁에서 이기는 사람과 경쟁에서 지는 사람, 또 경쟁에서 낙오되는 사람이 차등화되기 때문에 차별을 불가피하게 한다. 경쟁에서 이기기 위해서, 적어도 살아남기 위해서, 아니면 차별을 당하지 않기 위해서 항상 긴장하지 않으면 안 된다. 끊임없이 심리적 압박감에 시달려야 한다. 스트레스를 피할 길이 없다. 스트레스가 원인이 되어 미치게 된다. 사람을 미치게 하는 사람의 세상이 되어 버렸다.

이 땅 위에 사람의 세상이 이토록 번창할 수 있게 된 것은 모든 생물 중에서 가장 뛰어난 사람의 마음 때문이다. 진화의 산물 때문이다. 진화의 역사가 우리 인간의 마음을 지금처럼 우수하게 만들어 주었기 때문이다. 그런데 진화의 역사에서는 어떤 종의 생명체든 무제한 생명의 세계를 지배하게 하지 않는다. 종의 역사에도 시작이 있고 종말이 있다는 것이며 특정 종이 생명세계를 지배하는 역사에도 시작이 있고 끝이 있다는 것이다. 우리 인간이 생명세계를 지배하고 있는 지금의 역사도 유한할 수밖에 없다. 인간의 지배가 영원할 것 같은 착각을 할 때가 있지만 자연의 역사는 진화의 역사이며, 진화로 인한 변화는 계속될 수밖에 없다는 것을 부정할 수 없다. 그렇다면 자연의 역사는 어떤 방법으로 우리 인간이 지배하는 역사를 끝내게 할 것인가? 인간의 지배능력은 진화된 인간의 마음에서 나온 것이다. 그런 마음의 능력이 인간의 세상과 인간의 역사에 부정적으로, 불리하게 작용되게 하는 것은 가장 자연스러운 방법으로 인간의 지배를 끝내게 하는 것일 수 있다. 진화된 사람의 마음이 만든 세상을 미친 사람의 마음으로 끝내게 하는 방법을 말한다.

불안한 사람이 많다. 우울한 사람도 많다. 충분한 교육을 받고서도 자신의 능력에 맞는 일을 해내지 못하는 사람이 많다. 심리적 압박감에 시달리다가 직장과 직업을 포기하는 사람이 많다. 마음의 문제라고 하지만 두뇌의 기능을 의심하게 한다. 두뇌가 진화하여 사람의 마음이 특수한 능력을 갖게 된 것인데, 마음이 적응하지 못한다는 것은 두뇌의 기능에 문제가 있음을 의미한다. 아무 일도 할 수 없는 사회적 낙오자가 늘어난다는 것은 인간의 두뇌가 감당해 낼 수 없는 상태로 사회적 조건이 복잡하게 되고 직업적 요구가 어렵게 되었음을 말한다. 인간의 두뇌가 더 이상 감당해 낼 수 없는 생존조건의 인간사회로 '발전'했다는 것을 뜻하는 한계상황을 말한다. 자율능력을 가진 시민으로 살아갈 수 없는 낙오자들이 늘어나고 있다. 사회보장제도가 책임져 줄 수 없는 수준으로 낙오자가 급증하고 있다. 사회로부터의 도움이 미치지 못하는 그늘에서 죽어 가는 낙오자들이 있다. 그런 처참한 상태를 원치 않는 낙오자는 자살을 택한다. 자신의 생명을 스스로 책임진다는 의식이 남아 있는 낙오자를 말한다. 그런데 그런 책임의식조차 없는 낙오자는 범죄자가 된다. 살인자가 된다. 흉악범이 된다.

끔찍한 흉악범이 늘어나고 있다. 첨단 전쟁무기를 밀매하여 대량학살을 가능하게 하는 무기 상인도 있다. 분쟁지역에서의 전쟁이 더 많은 사람을 더 잔인하게 죽이도록 하는 것을 영리행위의 수단으로 한다는 것이다. 전쟁무기를 개발하는 과학자의 연구행위와 다른 것이 무엇이냐고 반론을 제기할지 모른다. 전쟁이 불가피하고, 전쟁에서 이기는 것이 지상의 목표라면 무기 개발과 무기 밀매는 당연한 것이 아니냐고 할 수 있다. 그런데 그런 전쟁 무기가 흉악범의 손에 들어갈 수 있는 가능성을 생각하지 않을 수 없다. 수십 명의 생명을 무참하게 빼앗고도 아무런 가책을 느끼지 못하는 흉악범은 정상인이 아니다. 그러나 그런 흉악범도 다른 기능에서는 정상인으로 남아 있다. 멀쩡한 기능인이고 사회인이지만, 살인 행위에 대해서만은 아무런 자제능력을 보이지 않는다는 것이다. 반사회적 증오감이나 복수심 같은 것을 말하지만 자기에게 살해당한 사람들을 생각해 볼 수 있는 능력이 있다면 그런 흉악범이 되지 않을 수 있을 것이다. 마음의 문제, 감정의 문제보다 더 근본적인 두뇌기능의 문제가 아닐 수 없다는 것이다.

흉악범에 의한 피해자가 늘어나고 있지만 어떤 사회도 대책이 없다. 속수무책이다. 범죄가 일어난 후에 사법처리를 하는 대책밖에 없다. 범죄의 희생자가 되어 버린 사람에 대하여 공정한 책임을 질 수 있는 길이 없다. 그런 희생자들이 급증하고 있는데도 선량한 시민들을 보호해 주어야 할 사회 자체의 기능은 뒷북만 치고 있다. 시민들이 스스로 자기방어를 할 수밖에 없는 상황이다. 정당방어를 인정하지 않을 수 없다는 것이다. 개인으로도 자신을 방어할 수 있어야 하고, 집단으로 자기네 지역을 방어할 수 있어야 한다. 이것이 총기 사고가 자주 일어나는 미국 사회가 총기소유를 금지하는 법안을 통과시키지 못하는 이유이다. 정당방어를 위해서는 누구나 총기를 소유할 수 있어야 한다는 이유이다.

총기소유는 정당방어의 수단으로만 유효한 것이 아니라는 사실이 또한 문제가 된다. 총기난사 사고가 고등학교에서도, 대학에서도 자주 일어나고 있다. 총기난사범의 경우도 흉악범처럼 두뇌기능에 이상이 생겼기 때문이라고 봐야 할 것이다. 총기난사범을 흉악범이라고 하지 않는 것은 그런 끔찍한 총기 사고를 저질러 놓고는 스스로 목숨을 끊어 버리는 자살을 감행하기 때문일 것이다. 흉악범에게는 그런 양심의 가책이 없는 것 같다. 그러니까 흉악범과 총기난사범은 양심의 가책이라는 마음의 기능에서 차이를 보인다는 것이다. 그런데 양심이라는 마음의 기능도 두뇌기능에 속한다. 특수한 두뇌기능으로 봐야 한다. 그렇다면 끔찍한 살인을 하게 하는 두뇌기능의 이상으로 볼 때는 흉악범과 총기난사범이 다를 바 없다고 해야 하겠지만, 그런 두뇌기능에 의한 자신의 범행을 스스로 판단하는 마음, 즉 또 다른 차원의 두뇌기능에서는 두 범인 간의 차이를 말할 수 있으리라는 것이다.

흉악범이든 총기난사범이든 그들의 범죄행위에 희생을 당하는 시민들의 입장에서 볼 때는 어떻게 그런 범죄를 예방할 수 있을 것인가가 심각한 문제로 제기된다. 전염병을 예방하듯이 지역적으로, 사회적으로, 사법적으로, 정책적으로 흉악범과 총기난사범에 의한 무차별 살인을 예방할 수 있어야 한다. 하지만 효과적인 대책이 없다. 인간의 두뇌가 너무 복잡해지고 너무 압박을 주는 현실의 온갖 문제를 스스로 감당해 낼 수 없는 능력의 한계 때문에 변이를 일으키는 것이라면 대안이 없다. 인간의 두뇌가 진화를 통하여 적응능력을 강화해야 하는데, 그런 두뇌 진화가 일어나기 전에 두뇌 변이가 생겨서 무분별한 대량 살인을 범하게 한다면, 다른 대응방법이 없다.

사람의 마음이 사람의 세상을 구원할 수 있을까? 사람의 마음이 사람의 두뇌를 진화하게 할 수 있을까? 마음이라는 두뇌기능으로 두뇌의 변이를 억제하면서 두뇌의 진화를 가능하게 할 수 있을까? 그런 마음의 기능, 즉 마음이라는 두뇌기능을 위한 것이 종교이고 예술이다. 문학이고 철학이다. 두뇌의 기능을 마음의 기능으로 한 차원 높여 주고, 그런 마음의 기능에서 또 한 차원 높여 준 영혼의 기능으로 새로운 세계를 볼 수 있도록 하는 것이 종교, 예술, 문학, 철학이다. 인간의 인식능력, 창작능력, 상상

능력 및 통찰능력을 향상시켜 줌으로써 초인의 경지에 이르는 인물들이 나타나게 한 영역들이다. 사람의 두뇌가 진화하여 초인의 두뇌가 될 수 있다는 가능성을 엿보게 한다. 하지만 그런 두뇌 진화가 일어나게 하는 시간의 조건이 문제가 된다. 진화의 역사가 필요로 하는 시간의 길이에 비교할 때 무차별 살인을 범하게 하는 두뇌의 변이는 전염병의 예방처럼 시간을 다투는 문제라는 것이다.

사람의 마음이 만들어 가는 사람의 세상이 사람의 마음을 압박하여 자멸이라는 종말을 불가피하게 할 것인가? 아니면 종교, 예술, 문학, 철학의 힘으로 그런 마음의 압박을 이겨 내면서 새로운 차원의 세상을 만들어 내는 사람의 마음이 되어 인간 두뇌의 진화를 이루어 낼 것인가? 사람의 세상을 구원해 주는 사람의 마음이 수반하는 두뇌의 진화를 믿을 수 있을 것일까?

종말론

예수의 종말론

예수를 종말론자로 이해해 보고자 한다. 예수의 사상, 예수의 믿음에 가장 기본이 되는 바탕에는 종말론이 자리 잡고 있다는 해석을 해 보고자 한다. 인간의 세상이 끝나 버리고 인간적인 모든 것이 사라져 버리는 종말을 말한다. 예수는 그런 종말을 내다볼 수 있었다는 것이다. 하느님의 심판으로 한 지역의 모든 것이 사라져 버리는 역사적 사건을 심각하게 생각함으로써 인류가 그런 심판을 받게 되는 종말을 예상해 볼 수 있었을 것이다. 하느님의 심판이 아니더라도 인간들 스스로 전쟁을 하면서 파괴하는 행위가 그런 자연적 재앙을 불가피하게 하리라는 생각을 할 수 있었을 것이다.

인간 세상의 전체적인 종말을 예상할 수 있었으며, 그것을 심각한 가능성의 문제로 받아들였을 예수를 생각할 때, 그가 가르친 절대적 사랑, 즉 아가페 사랑을 이해할 수 있을 것 같다. 자기 스스로 십자가형을 거부하지 않고 받아들이면서까지 절대적 사랑의 실천을 가르쳐 준 예수의 뜻을 이해할 수 있을 것 같다.

이 세상 모든 사람들에게 똑같이 닥쳐올 종말을 생각하면 모두가 평등해진다. 종말이라는 운명을 모두가 똑같이 겪어야 하기 때문에 그때까지 서로 어떻게 다른 삶을 살아왔느냐를 문제시할 수 없다. 그런 구별이나 차별을 한다는 것이 무의미하다. 종말이라는 운명 앞에서는 모두가 평등하게 위로를 받아야 하고 이해를 받아야 한다는 것이다. 어떤 종교 신앙으로 살아왔느냐를 문제시하는 것도 무의미하다. 선하게 살았느냐, 악하게 살았느냐도 따져 볼 까닭이 없다. 행복하게 살았느냐, 불행하게 살았느냐도 종말이라는 운명 앞에서는 중요한 문제가 아니다.

하느님은 종말을 맞이할 수밖에 없는 우리 인간을 구별하여 심판하지 않을 것이다. 모두를 용서하고, 모두를 구원해 줄 것이다. 하느님의 뜻을 깨닫지 못한 사람들의 어리석음을 탓하지 않을 것이다. 모든 사람에게 평등하게 보편적으로 무조건적인 사랑으로 대해 줄 것이다. 모두가 하느님의 피조물이고, 하느님이 허락한 역사를 살아왔기 때문이다. 종말은 그런 하느님의 역사를 하느님이 거두어 주는 것이기 때문이다.

이런 종말론에 근거한 아가페 사랑이라고 이해할 때, 예수가 그처럼 간곡하게, 애타게 가르쳐 주고자 했던 사랑의 복음을 의미 있게 받아들일 수 있으리라는 것이다. 그런 사랑을 우리가 실천한다는 것은 사실상 불가능할 수 있다. 하지만 인간 세상의 종말을 실제적인 가능성으로 생각해 보면 예수의 사랑을 이해할 수 있을 것이다. 과학적 예측으로 인간역사의 종말을 말하게 된 지금은 그런 종말을 맞게 될 인간의 모든 것을 소중하게 여기며 사랑하게 될 수 있을 것 같다. 예수는 오늘날 우리가 예견하는 인간의 종말을 2천 년 전에 이미 내다볼 수 있었던 선지자였던 것이다. 그런 종말을 맞게 되는 우리 인간에게는 모든 것을 서로 용서해 주고 무조건적으로 서로 사랑해 주는 것만이 대처방법이라는 것을 가르쳐 준 선지자였던 것이다.

스피노자의 종말론

"내일 이 세상의 종말이 올지라도 오늘 나는 한 그루의 사과나무를 심겠다."고 한 스피노자의 종말론을 어떻게 이해할 수 있을까? 왜 스피노자는 그런 종말을 생각했던 것일까? 아마 그의 파문체험이 그의 종말론을 이해하는 데 중요한 근거가 될 수 있을 것이다.

스피노자는 20대에 유대교와 유대인 사회로부터 파문을 당했다. 철저하고 지독한 추방을 의미한 파문이었다. 유대인과 함께 사는 것은 말할 것도 없거니와 만나서 대화를 하는 것조차 금지하는 파문이었다. 가까이 접근하는 것도 허용되지 않는 배척이었다. 파문의 이유는 창조주 하느님을 부정하는 그의 철학적 주장 때문이었다.

창조주 하느님과 피조물 세상을 존재론적으로 엄격히 구별하면, 순수정신이라고 하는 하느님이 물질적인 세상에 어떻게 원인작용을 할 수 있느냐가 설명될 수 없다. 순수정신에서 물질이 창조된다는 것은 무(無)에서 유(有)가 나오게 된다는 것인데, 철학적으로는 설명될 수 없고 이해될 수 없는 현상이라는 것이다. 존재하는 것에 대한 설명은 인과관계를 통한 설명이어야 한다는 스피노자의 생각은 하느님을 본래부터 자연과 함께 자연의 특수기능으로 존재하게 하는 자연주의적 해석을 하게 한 것이다. 하느님을 자연의 능산적 기능으로 이해하고자 한 것이다. 자연에 내재해 있는 프로그램이라고 생각하자는 것이었다. 초월적으로 존재하는 하느님이 창조의 능력으로 이 세상을 존재하게 했다고 할 때, 하느님의 그런 창조작업을 가능하게 하는 정보기능이 어떻게 가능할 수 있느냐는 것이다. 하느님의 말씀이 통하는 정보기능을 위해서도 정보매체가 있어야 하는데, 그런 정보매체는 자연의 물질적 요소가 될 수밖에 없으며, 하느님도 그런 정보매체를 공유하면서 존재해야 한다는 것이다. 그러니까 이 세상의 존재는 무(無)에서 유(有)로의 창조가 아닌 상태변화, 예컨대 순수 에너지의 상태에서 물질적 상태로의 변화로 설명되고 이해되어야 한다는 것이다.

자신의 철학적 결론을 유대교의 종교적 신앙 때문에 부정할 수 없었던 스피노자는 파문을 받아들일 수밖에 없었다. 파문의 체험은 스피노자에게 이 세상의 종말과 같은 것이었으리라고 짐작된다. 자신이 태어나서 성장하고 마음의 고향으로 소속되어 있었던 유대인 사회가 사라져 버린 것이었다. 더 이상 스피노자와의 관계에서 유대인 사회는 존재하지 않는 세상이 되어 버린 것이었다. 하나의 세상이 종말에 이른 체험이었다고 해야 할 것이다. 기독교 사회인 네덜란드의 친구들이 스피노자를 철학자로 대우하면서 교수직을 제시했으나 또다시 그의 철학 때문에 파문과 같은 배척의 체험을 하게 될 것을 두려워하여 사양했다고 한다. 파문의 체험이 얼마나 처절했던가를 말해 준다.

그러나 스피노자는 살아남았다. 하나의 세상이 그에게 종말을 고하고 사라졌지만 그는 홀로 살아남았다. 한 그루의 사과나무가 이 세상의 종말에도 불구하고 살아남을 수 있으리라는 희망을 갖게 한 것은 스피노자 자신이 바로 그 사과나무처럼 살아남았음을 마음 깊이 새겨 두었기 때문이었을 것이다.

스피노자가 생각한 종말은 모든 세상이 한꺼번에 없어지는 그런 종말이 아니었다. 능산적 자연이 있으면서 소산적 자연이 있으므로 소산적 자연에서의 종말은 여러 세계들에서 제각기 다른 종말이 나타난다고 볼 수 있다. 창조가 없는 세상이므로 완전 소멸도 있을 수 없는 세상인 것이다. 지금 우리 인간이 사는 이 세상의 종말이 오겠지만, 결코 그것은 모든 세상의 종말을 뜻하지는 않는다는 것이다.

니체의 종말론

독실한 기독교 신앙으로 성장한 니체는 인간역사에서의 하느님의 섭리와 주관을 믿었을 것이다. 그러나 철학자가 되면서 인간의 문명사가 부조리와 불완전성으로 온갖 문제를 만들어 낸다는 사실을 알게 되었을 것이다. 완전하고 선한 하느님이 주관하는 인간역사라는 믿음에 회의를 느끼게 되었을 것이며, 철학적 비판력이 더욱 예리하게 되면서 결국 역사에 대한 하느님의 주관을 부정하기에 이르렀을 것이다. 역사의 주관자인 하느님은 존재하지 않는다는 것이다. 처음부터 그런 하느님은 존재하지 않았다고 한 것이 아니라, 그런 주관자 하느님은 죽었다고 단언한 것을 보면 인간역사에 대한 니체의 실망이 얼마나 컸던가를 짐작하게 한다.

쇼펜하우어가 말한 생명의 의지에 대해서도 니체는 권력의 의지로 바꾸어서 말했다. 생존하고자 하는 의지를 부정하거나 무시하자는 것은 아니었을 것이다. 인간의 역사는 단순한 생존 이상의 의미를 갖는다는 뜻이었을 것이다. 물론 권력투쟁의 역사를 의미하는 것도 아니었을 것이다. 그런 것은 생물 세계에서 보편적인 약육강식의 연장으로 볼 수 있기 때문이다. 니체가 생각한 권력의지는 역사를 창조해 가는 지배의지 또는 주관의지로 이해할 수 있다. 역사를 주관한다고 믿었던 하느님의 권력을 인간이 대신한다는 의미의 지배적 권력을 의미하는 것이었을 것이다. 거기에는 분명 역사를 창조하고 주도해 갈 수 있는 능력이 전제되어 있어야 하는 것이다. 또한 하느님의 섭리 대신 인간이 역사를 통하여 스스로의 운명을 결정해 간다는 뜻도 포함하고 있었을 것이다.

그러나 니체는 역사를 주관해 가야 하는 인간의 능력이 유한하다는 것을 인식하면서 또 다른 회의에 빠졌을 것이다. 인간의 이성이 지배해 온 역사도 고려해 보고, 인간의 감성이 지배해 온 역사도 고려해 보았지만 근본적인 인간의 한계를 벗어날 수 없다는 점을 받아들이지 않을 수 없었을 것이다.

니체는 인간을 등장시킨 진화의 역사를 믿었다. 인간의 권력의지를 믿었으며, 지배능력을 믿었던 것이다. 하지만 니체는 인간의 한계를 보면서 그것이 의미하는 진화의 조건을 생각하지 않을 수 없었을 것이다. 인간의 능력으로 더 이상 주도해 갈 수 없는 역사의 한계를 보면서 초인의 등장을 생각하게 되었을 것이다.

생존의 역사로 말하자면 인간 이전에 진화한 생물들도 생존하고 있다. 그러나 역사를 주도하는 지배 권력의 능력으로 말하자면 인간의 역사가 지배하는 시대로 진화한 것이다. 그런 인간의 역사가 더 이상 인간의 능력으로 지탱될 수 없다면 그것은 인간역사의 종말을 뜻한다. 초인이 등장하여 초인의 역사로 지배하게 되는 시대의 변화를 뜻한다.

니체는 지금의 인간이 주도하는 역사의 종말을 예견했던 것 같다. 석양을 바라보며 앉아 있는 니체의 모습을 그린 어느 그림은 그의 종말론을 상징한다. 그런데 니체는 우리 인간이 초인으로 진화할 것을 기대했는지도 모른다. 인간의 역사에 나타난 '초인들'에게서 그런 희망을 갖게 되었을 수도 있다. 하지만 그들은 언제나 예외적인 인물들이었다. 그렇다면 초인의 시대는 어떻게 가능할 것인가? 초인으로의 진화는 어떻게 가능할 것인가? 진화의 역사에서 하느님의 주관을 배제시켜 버린 니체에게는 그런 문제에 대한 해답이 없었다. 인간역사의 종말을 내다보는 니체는 깊은 회의에 빠지지 않을 수 없었을 것이다. 우울한 철학자가 되지 않을 수 없었을 것이다.

붓다의 종말론

붓다의 존재론은 공(空), 연기(緣起), 색(色), 법(法)의 개념을 기본으로 한다. 붓다의 세계는 초월도 없고 창조도 없는 하나의 세계이다. 그 하나의 세계는 공(空)의 세계이기도 하고, 색(色)의 세계이기도 하다. 공(空)의 세계에서 색(色)의 세계가 나오기도 하고, 색(色)의 세계가 공(空)의 세계로 환원되기도 한다. 현대적 개념으로 이해를 하자면, 공(空)의 세계는 개체적 형상의 존재가 없는 순수 에너지의 상태라고 할 수 있다. 색(色)의 세계는 질료를 가진 개체들의 상태이다. 형체가 있는 것에는 색이 있고, 색이 있는 것에는 형체가 있다는 것을 함축한다.

공(空)의 세계에서 색(色)의 세계로의 변화와, 색(色)의 세계 안에서의 개체들의 변화는 연기(緣起)적 작용과 관계로 일어나는 것이다. 그리고 그런 변화가 무질서한 것이 아니라 어떤 질서를 지키면서 일어나는 변화라는 것을 설명해 주는 개념은 법(法)이다. 이것은 변화의 질서를 지배하는 프로그램이라고 할 수 있다.

붓다의 세계는 단순하게 생각하면 순환적 세계로 볼 수 있으나, 결코 같은 세계가 반복적으로 순환하는 것은 아니다. 지금의 우주가 대폭발로 시작했다고 하므로, 물질적으로 존재하는 모든 것이 하나의 세계로 압축되었다가 또 하나의 대폭발로 또 다른 우주의 역사를 시작할 수도 있을 것이다. 이것은 일종의 순환을 말한다. 하지만 같은 우주의 역사가 반복되는 것은 아닐 수 있다. 지금의 우주 안에서 일어나는 역사적 변화에서도 반복되는 것은 없다. 우주의 역사 그 자체이든 은하계의 역사, 태양계의 역사,

또는 지구의 역사와 지구상의 생태계 역사에서도 같은 것의 반복이 아닌, 어떤 프로그램에 의한 변화과정을 볼 수 있다. 따라서 한 생명체가 태어나서 죽게 되는 때까지의 프로그램처럼, 주어진 프로그램에 따른 변화가 다 이루어지면 그것의 역사가 완결되었다고 할 수 있다.

지구상의 생태계를 위한 프로그램의 완결을 지구적 온 생명의 종말이라고 할 수 있다. 그런 생태계의 종말이 오기 전에 인류의 종말이 온다면 그것은 인류를 위한 프로그램의 완결을 의미하는 것으로 이해할 수 있다.

이러한 존재론과 세계관에는 완결을 의미하는 역사의 종말은 있어도 완성을 의미하는 종말은 없다. 역사에는 발전적 변화가 있다. 더 완전한 것으로의 변화가 있다. 그런 완전성을 지향해 가는 역사 발전을 말하는 것이 유대교-기독교의 역사관이고 헤겔의 역사관이다. 역사의 종말을 역사의 완성으로 보게 하는 것이다. 하지만 붓다의 세계관에는 그런 의미의 종말론이 없다.

붓다는 인간의 존재 자체가 불완전할 수밖에 없음을 깨달았던 것이다. 인간의 존재 자체가 역사적으로 존재하는 것이고, 그런 역사적 존재를 가능하게 하는 조건인 프로그램에는 인간의 세상을 불완전하게 하는 요인들이 내포되어 있다는 것이다. 인간의 세계, 인간의 역사는 그런 불완전성의 요인들을 결코 벗어날 수 없다는 것이 붓다가 보게 된 존재세계였다.

인간의 세상을 불완전하게 하는 요인들은 어떤 것인가? 인간의 세계와 역사에는 사고와 범죄가 있다. 질병과 장애가 있다. 살인과 자살이 있고, 이별과 죽음이 있다. 가난과 차별이 있고, 착취와 전쟁이 있다. 역사의 발전이 이런 요인들을 제거할 수 있다고 희망하는 것은 인간 존재의 조건 그 자체를 부정하는 착각이라는 것이다.

붓다는 이러한 인간세계와 인간역사의 불완전성을 보면서 그것이 바로 인간을 불행하게 하는 온갖 원인으로 작용한다는 사실도 깨닫게 되었을 것이다. 고통과 슬픔으로 오는 불행, 분노와 증오로 오는 불행, 시기와 질투로, 불안과 공포로 오는 불행, 그리고 고독과 소외로, 우울과 절망으로 오는 불행을 결코 떨쳐 버릴 수 없는 것이 인간 존재의 조건이라는 것이다.

인간이 개인으로, 가족으로, 종족으로 또는 인류로 살아가는 역사는 본질적으로 불완전하게 프로그램된 것이며, 그런 불완전성 때문에 불행할 수밖에 없도록 프로그램된 것이라는 인식이 붓다가 가르쳐 주고자 한 존재론적 인식이다. 그러면서도 그 각각의 역사는 그것의 프로그램이 제한하는 완결의 단계를 제시하고 있으므로 그것은 각 역사의 종말을 의미하면서 또 다른 개별역사의 시작을 가능하게 한다는 것이다.

모든 것이 끝나는 종말은 없으며, 유한한 존재의 조건을 벗어날 수 있는 역사는 없다는 것이다. 특히 우리 인간의 역사에서는 그런 존재의 조건이 인간세계와 인간역사의 불완전성을 의미하게 되고, 그런 불완전성이 곧 불행의 불가피성을 의미하게 된다는 인식이 중요하다는 것이다. 인간으로 존재한다는 것 그 자체에 대한 자비심을 갖게 하는 인식이라는 것이다. 개별 존재의 완결을 뜻하는 종말, 즉 죽음에 대해서도 자비심을 갖게 하는 것이며, 그런 완결이 오기까지 존재의 역사를 이어 가는 생명에 대해서도 자비심을 갖게 한다는 것이다.

자기 자신에게 주어진 존재의 역사를 너무 처절하게 살아가는 사람을 볼 때, 우리는 죽음이 오히려 축복이라는 생각을 하기도 한다. 그러면서 어떤 차원의 어떤 역사에든 종결이란 의미의 종말이 있다는 사실을 다시 생각해 보게 된다. 그런 개별역사의 종말이 있음으로써 전체 역사가 이어져 나간다는 사실도 생각해 볼 수 있다. 그런 개별역사의 종말이 구체적인 시공간 속에서 맺어 온 다른 개별역사들과의 관계가 어떤 의미를 남기게 되는지도 생각해 볼 수 있다.

오늘도 한 생명을 잃은 사람들의 비통함을 옆에서 보게 되었다. 너무나 갑작스런, 전혀 예상치 못했던 죽음이라고 한다. 온갖 가난의 조건을 극복하면서 미국 유학길에 올라, 그곳 최고의 명문대를 졸업하고, 국내 명문대의 교수가 되어 성실하게 살아온 40대라는데……. 지병이 있었다고는 하지만, 건강을 정성껏 관리해 왔기 때문에 죽음의 원인이 되리라는 것은 상상도 할 수 없었다는데……. 어린 두 자녀와 부인이 있는 가족을 그렇게 갑자기 떠나 버렸다는 이 사실을 어떻게 감당해야 할지 비통해하는 목소리를 들었다.

개별역사의 종말이 의미하는 바를 물어보고 이해할 능력이 우리 인간에게는 없는 것일까? 지구상의 인류의 역사가 종말을 맞이하는 상황에서도 우리 인간은 그 종말의 의미를 결코 이해할 수 없는 능력의 한계를 인식하게 될 것인가? 인간의 역사가 끝나고 초인의 역사로 이어진다면, 그때 비로소 인간의 역사가 의미한 바를 이해하게 될 것인가? 아니면, 존재세계

전체의 의미를 이해할 능력이 없는 인간이면서, 개별 인간역사나 전체 인간역사의 종말에 의미부여를 하고자 하는 것이 허망한 일이라고 한 붓다의 가르침을 새겨들을 것인가?

3부
예술과 문학

예술철학

예술이란 무엇인가라는 질문에 답하는 방법으로서 가장 적절한 것은 예술가들과 그들의 작품들을 통하여 어떤 공통적인 특성을 찾는 것이다. 그런 구체적 내용이 없이 개념적으로 '예술'을 정의한다는 것은 별 의미가 없다.

예술작품이란 어떤 것인가? 예술작품이 아닌 것과 구별하게 하는 작품의 특징은 무엇인가? 과연 그런 구별이 가능한가? 그런 구별이 불가능하다든지, 무의미하다고 하는 주장에는 근거가 있는가? 구별이 명확하지는 않지만 예술작품을 작품이 아닌 것과 구별하는 시도는 필요한가? 그것이 예술에 대한 이해의 수준을 말해 주는 구별이라고 할 수 있는가? 무엇이 종교인가? 무엇이 철학인가? 이런 질문에서도 언제나 문제가 되는 구별의 가능성과 필요성이 예술에서도 그대로 나타나고 있는 것인가?

기술이나 기교로서는 훌륭하지만 예술의 경지, 예술의 수준에는 미치지 못한다는 평가가 가능하다. 예술작품이라고 전시하는 것이 장난의 수준을 넘어서지 못한다는 평가도 가능하다. 장난을 하다가 예술작품이 나오는 수도 있지만, 장난에 머문 것과 예술이 된 것의 구별은 가능하다. 장식품과 예술작품의 구별도 가능하다. 장식을 위한 것이 예술작품의 가치를 갖게 될 수도 있으며, 예술작품을 장식용으로 쓸 수도 있다. 하지만 장식적 가치만을 가진 것과 예술작품의 가치를 가진 것을 구별할 수는 있다. 상품으로서의 가치와 예술작품으로서의 가치도 구별될 수 있다. 여러 가지 시장적 요인으로 상품적 가치가 높아질 수 있지만 그것이 곧 예술적 가치를 말하는 것은 아니다. 전문가라는 사람들도 상품적 가치와 예술적 가치를 혼동하여 터무니없이 비싼 가격으로 엉터리 작품을 구입하는 실수를 한다. 예술작품의 평가는 예술가들이 해야 하고, 전문 비평가들이 해야 하며, 그것도 일시적인 유행의 영향을 받지 않기 위해서는 역사적으로 오랜 시간을 지나면서 계속 평가되어야 하는 것이다. 그런 역사적 과정에서 일반 관람객이나 시청자들도 참여하여 평가하게 되는 것이다. 그렇게 볼 때, 역사적으로도 계속 좋은 평가를 받는 예술작품은 우선 그것의 창조성을 인정받는다. 그러면서 영감을 주는 내용(message)을 지닌 것이다. 예술가가 받은 영감이 그의 작품을 통해서 감상자들에게도 영감으로 전해지게 된다는 것이다. 기교적인 것, 장난이나 장식에 그친 것, 상품적 가치로만 값비싼 것에서는 찾아볼 수 없는 창조성과 영감의 메시지이다.

예술가란 어떤 사람인가? 우선 필요한 기초 기술에 숙련된 사람이어야 한다. 기술의 바탕이 없이는 예술창작으로 비약할 수가 없다. 기술은 배울 수 있고, 배워야 하지만, 예술창작은 스스로 개발하고 발견해야 한다. 창작력을 자신 속에서 확인해 가야 한다. 따라서 예술가는 그런 창작력의 실현, 즉 창조작업을 생명으로 하는 사람이다. 예술가는 또한 자기가 작품을 통해서 표현하고자 하는 내용을 영감으로 체험하는 사람이다. 영감으로 어떤 메시지를 체험하여 그것을 작품의 메시지로 표현하는 사람이다. 따라서 예술가는 언제나 새로운 영감을 기다리면서, 언제나 더 우수한 작품을 창작하고자 하는 사람이다. 완전성을 향한 열정을 잠시라도 버릴 수 없는 사람이다. 그런 예술가에게는 진짜와 가짜의 구별이 명확하게 보인다. 더 우수한 작품과 덜 우수한 작품의 구별에도 민감하다. 또 한 가지 예술가에게 중요한 것은 현실이다. 그의 작품이 주는 메시지를 의미 있게 해 주는 현실이나. 사신이 살아가는 역사와 문화에 내한 메시지를 말한다. 따라서 예술가에게는 그런 현실역사와 문화에 대한 의식이 중요한 것이다. 현실역사와 문화에 뿌리가 없는 예술가는 메시지가 있는 작품을 창작할 수 없다. 영감을 주는 작품을 창작할 수 없으므로 가짜 작품의 가짜 예술가가 될 수밖에 없는 것이다. 그런 가짜일수록 상품 시장을 이용해서 자기 작품의 상품적 가치를 높이고자 하고, 그것으로 마치 예술작품으로서 평가를 받을 수 있는 것처럼 허세를 부린다.

예술가와 예술작품에 대한 특징적 요인들을 이런 정도로라도 정리해 보면 예술작품에 대한 평가기준도 생각해 볼 수 있다. 평가에서 우선 문제가 되는 것은 작품이 전하는 메시지(내용)가 있어야 한다는 것이다. 그러면서 그 내용을 표현하여 전하는 예술언어가 전달력을 가져야 한다는 것이다. 전달이 될 수 없는 언어는 비록 예술언어라고 할지라도 언어로서의 기능을 상실한 것이 된다. 미술언어, 음악언어, 무용언어, 영상언어 등이 모두 언어적 기능으로서 의미전달, 내용전달에 충실해야 한다는 것은 작품의 평가에 중요한 기준이다. 그다음은 작품의 구성적 평가를 해야 한다. 불완전한 구성, 균형성을 상실한 구성, 또는 무질서한 구성이 되어서는 안 된다는 것이다. 그런 전체적 구성을 평가하면서 또한 세부적으로, 아주 작은 부분에 이르기까지 어색하거나 미완적인 것이 없는지 살펴야 한다. 작품의 완성도를 평가해야 한다. 예술가들이 자신의 작품을 책임지기 위해서 마지막까지 신경을 써야 하는 완성도이다. 예술가의 진짜 작품과 그것을 모조한 가짜 상품을 식별하게 하는 완성도이기도 하다. 작품의 평가에서 중요한 또 한 가지는 그 작품에서 드러나는 작가의 독창성이다. 이것은 그 작가 특유의 창조능력이다. 그리고 이 모든 평가기준을 만족시키면서 그 작품이 주는 아름다움의 체험을 우수성의 기준으로 포함해야 한다. 아름다움의 체험을 수반하지 못하는 작품은 가짜라고 할 수 있다. 기술에 멈추는 것, 장난이나 장식으로 충분한 것, 상품으로의 값을 과시하지만 예술작품으로는 가치가 없는 가짜가 그런 것이다.

이러한 예술을 예술 그 자체로 이해하는 것이 얼마나 어려운가를 엿볼 수 있었다. 그러므로 예술을 종교와 관련시켜 보고, 또 예술을 철학과 관련시켜 보는 것이 예술의 이해에 도움이 될 수 있다.

예술에서 가장 문제가 되고 있는 작품의 내용, 즉 메시지의 부재를 해결하는 방법으로서는 종교예술의 길이 있다. 종교적 내용을 작품화하는 것이다. 그런 후에 종교적 메시지를 다른 것으로 대치하면서 종교예술을 벗어난 '순수예술'의 작품으로 나아갈 수 있다. 종교적 메시지를 작품화하는 작업을 통하여 예술작품에는 반드시 어떤 메시지가 중심내용으로 표현되어야 한다는 것을 익히게 한다는 것이다.

종교예술과 비슷한 역할을 해 줄 수 있는 것이 이념예술이다. 실천적 문제를 다루는 예술이다. 예술이 정치적으로 이용된다는 비판을 받을 수도 있지만 명확한 메시지를 전하는 작품을 창작한다는 의미를 중요시할 수는 있다. 다만, 이념예술 또는 실천예술의 경우 그 메시지가 너무 강하게 표현됨으로써 예술작품으로서의 가치가 상실될 수 있다. 예술작품이 아닌 선전물이 되어 버릴 수 있다는 것이다. 이것은 종교예술에서도 문제가 될 수 있는 것이다. 따라서 종교예술의 경우나 이념예술의 경우, 종교나 이념이 예술을 지배하지 않도록 해야 한다. 메시지는 종교적이거나 이념적이라고 할지라도 그것을 표현하는 언어는 예술적이어야 한다는 것이다. 예술적으로 표현되는 종교적 메시지는 훨씬 더 많은 사람들에게 거부감 없이 받아들여질 수 있을 것이다. 예술적으로 표현되는 이념적 메시지도 더 많은 사람들에게 더 큰 설득력을 갖게 될 것이다. 어떤 기능의 언어든 그 언어를 예술화한다는 것은 그 언어의 기능을 새로운 차원에서 강화해 주는 효과를 가져 오게 한다.

예술과 철학의 관계는 어떠한가? 철학에는 예술을 철학적으로 이해하고자 하는 '예술철학'이 있고 '미학'이 있다. 예술철학과 미학은 다르다고 주장하는 철학자들도 있지만, 여기서는 그것이 문제가 되지 않는다. 문제가 되는 것은 철학이 어떠한 논리로써 예술을 설명하고 이해하려 하느냐는 것이다. 철학에서의 '예술철학'을 '과학철학'과 비교해 보면, 예술철학이 빈약해지고 혼란스러워지는 이유를 알 수 있다.

과학철학은 과학적 설명, 즉 법칙에 근거하여 인과적 설명을 하는 과학의 방법을 연역논리의 공식으로 모형화해 줌으로써 명확한 내용을 얻게 되었다. 과학적 방법론을 논리적으로 이해할 수 있게 하는 과학철학이 되었다. 그것은 과학적 탐구가 기본적으로 법칙이 지배하는 법칙적 질서의 세계를 대상으로 하고 있기 때문이다. 그러나 예술의 세계는 그런 법칙적 질서의 세계가 아니다. 그런 세계, 법칙적 질서가 바탕이 되는 세계이지만, 그것을 넘어서 존재하는 창조적 질서의 세계가 예술의 세계이다. 이처럼 법칙적 질서의 세계와 창조적 질서의 세계가 서로 연관되어 있으면서도 서로 다른 차원의 세계인 것처럼 존재하게 하는 것이 자연의 세계이다. 자연의 세계에는 법칙적 질서에만 제한되지 않는 진화의 현상이 있고, 창조의 현상이 있다. 새로운 세계가 만들어지고, 새로운 생명의 종이 나타난다.

인간의 예술이 자연을 모방한다고 하는 것은 그런 창조적 질서의 자연을 모방한다는 것이다. '모방'이라는 말이 적절하지만, 더 적극적 의미로 말하자면, 자연의 창조적 질서에 인간이 '참여'한다고도 할 수 있다. 자연의 창조력이 우리 인간의 창조력으로 연장되어 나타나는 결과라고 할 수 있다는 것이다. 우리 인간이 과학적 탐구를 할 수 있게 된 것도 자연의 법칙적 질서에 참여할 수 있는 인간의 능력을 자연으로부터 부여받았기 때문이라고 해야 할 것이다. 그러한 인간의 능력을 인간의 논리적 사유능력으로 설명하고 이해하면 그 관계가 더욱 분명해진다.

법칙적 질서를 설명할 수 있는 논리는 연역논리이다. 그러나 창조적 질서를 설명할 수 있는 논리는 연역논리가 아니다. 발견의 논리도 아니다. 창조의 논리라고 해야 할 것이다. 하지만 우리 인간은 아직 창조의 논리를 모형화 또는 도구화하지 못했다. 창조적 질서가 있으므로 거기에도 분명히 그런 질서를 지배하는 논리가 있어야 하는데, 우리 인간이 아직은 그 논리를 유형화하지 못한 것이다. 그것이 비연역논리이어야 한다는 것은 짐작할 수 있다.

예술철학의 논리를 연역논리로 해결하고자 한 시도가 얼마나 잘못된 발상이었던가를 이해할 수 있다. 그 반면 귀납논리, 유비논리, 변증논리, 귀추논리 및 실천논리 등의 비연역논리를 예술창작의 논리로 적용하여 예술에서의 창조적 사유를 설명하고자 한 시도는 부분적 성과이지만 의미 있는 결과를 보여 줄 수 있었다. 하지만 근본적 한계성은 이들 비연역논리의 유형 역시 지성의 논리 또는 이성의 논리에 해당한다는 점이다. 예술에서의 창조적 사유에는 정서적 측면이 있다. 영감을 가능하게 하는 영성적 측면도 있다. 지성과 이성의 작용이 배제된다는 것은 아니지만, 그것을 넘어선 감성과 정서, 그리고 영성의 작용을 필요로 한다는 것이다.

겨우 연역논리를 도구화한 철학이 창조적 예술을 지배하고자 해서는 안 된다. 예술의 창조성에서 창조적 질서의 세계를 배우고, 예술적 표현언어에서 연역논리를 초월하는 언어의 논리를 새롭게 배우고 확장하고자 해야 할 것이다. 예술언어를 다룰 수 있는 새로운 논리가 준비될 때, 비로소 철학은 예술철학을 논할 수 있게 될 것이다.

기술의 경쟁

기술의 경쟁은 곧 생존의 경쟁을 말하기 때문에 그 경쟁에서 패배하는 것은 죽음을 의미하는 것처럼 심각해질 수 있다. 기술의 경쟁에서 이기기 위해 심리적 압박감, 긴장감, 부담감, 구속감을 느끼게 되기 때문이다. 그런 심리적 압박감이 견딜 수 없을 정도로 심화되어 마음의 병이 되면 스스로 기술 경쟁을 포기해야 하는 불행을 겪게 된다.

기술 경쟁에서 승리하는 자만이 살아남는 것은 아니다. 기술 경쟁에서 패배하면서도 그 사실을 문제시하지 않을 수 있어야 한다. 마음이 병들지 않도록 하는 것이 중요하다. 마음이 여유로울 수 있어야 한다. 기술 경쟁이 아닌 다른 것에서 마음의 가능성을 찾고, 여유로움을 유지하는 것이 중요하다. 마음의 건강을 지켜야 하는 것이다.

기술 경쟁 그 자체가 주는 압박감과 함께 그 경쟁에 관련된 말 때문에도 더 큰 압박감을 느낄 수 있다. 이는 언어의 구속력을 말한다. 남들의 말이 그런 구속력을 갖게도 하고, 자신의 말이 스스로를 구속하기도 한다. 말에 의한 구속은 말로써 풀어야 하는데 그것이 결코 쉬운 일이 아니다. 어떤 사람들과 어떤 말을 주고받느냐가 중요한 이유이다.

말에 의한 구속도 기술 경쟁과 관련되어 있다. 말을 쓰는 것도 하나의 기술이다. 말을 쓰는데도 기술 경쟁을 하듯이 말로써 상대방을 이기고자 하는 경우가 많다. 말의 폭력, 언어의 폭력, 인터넷 댓글의 폭력이 그런 경쟁심에서 나오는 것이다. 말로써 남을 지배하고자 하는 사람, 말로써 남을 패배시키고자 하는 사람, 말로써 남을 병들게 하는 사람이 너무 많다. 이들은 말의 경쟁을 생존경쟁의 하나로 보는 사람이다. 생존을 위한 기술 경쟁을 말의 경쟁으로 연장해 가는 사람이다.

기술 경쟁에서 자유로울 수 있는 길은, 기술 경쟁을 예술의 차원으로 상승시키고 승화되게 하는 것이다. 문학으로, 종교로, 철학으로 상승하는 방법도 있다. 생존경쟁이라는 조건을 부정하거나 무시할 수는 없지만, 그런 생존의 의미를 묻게 한다. 기술 경쟁에서 이긴다는 의미나 패배한다는 의미와는 다른 의미를 부여할 수 있게 한다. 살아남는다는 것이 의미 있고, 특히 경쟁에서 승리하여 살아남는다는 것이 의미 있다. 그러나 영원히 살아남는 자는 없고, 언제나 모든 경쟁에서 승리하는 자는 없다. 누구나 경쟁에서 패하게 되고, 죽음으로 끝맺게 되어 있다. 생존에만 모든 의미를 부여하면 마음에 여유가 없어진다. 죽음이 언제 오느냐를 사실상 문제 삼지 않으면서 삶의 의미를 찾을 수 있다는 것이다. 불치병으로 임종을 기다려야 하는 환자에게도 언제까지 얼마를 더 사느냐의 문제만이 아닌 다른 의미의 삶을 생각하게 할 수 있다는 것이다. 이것은 죽음이 언제 찾아올 것인가를 문제시하지 않고, 마음이 자유로울 수 있을 때 가능한 삶의 의미이다. 그런 삶의 의미를 중요시하는 마음이므로 죽음에 대해서도 자유로울 수 있다는 것이다.

누구에게나 예술이 필요하고, 문학이 필요하다. 종교가 있어야 하고, 철학이 있어야 한다. 생존을 위한 기술 경쟁에서 다른 생물들을 압도한 우리 인간이지만 죽음이라는 한계를 벗어나지 못하는 것을 너무 큰 부담으로 여기는 것이 오히려 문제를 만들고 있다. 인류가 이 땅 위에서 멸종할 미래도 생각할 때가 되었다. 아직도 오래 사는 것을 자랑이나 축복으로 생각하는 경향이 있지만, 다시 생각해 보면 생명의 연장만이 의미 있는 것은 아니다. 예술로 살고, 문학으로 살고, 종교로 살고, 철학으로 사는 의미가 생명의 시간이 의미하는 것보다 중요하다. 생명의 시간을 유지하기 위해서, 또 연장하기 위해서 기술의 경쟁을 하지 않을 수는 없지만, 그것에만 마음을 빼앗기지 않도록 해야 한다. 우리 인간의 마음은 그런 기술 경쟁을 위한 것 이상으로 진화된 것이다. 예술을 할 수 있고, 문학을 할 수 있으며, 종교와 철학을 할 수 있는 마음이 바로 진화된 인간의 마음이다.

예술이 아닌 것

어느 예술가가 다른 사람의 작품을 평하면서 "이것은 예술이 아니야!"라고 했다. 자신 있는 발언이었다. 신뢰감을 주는 단언이었다. 예술가로서 존경을 받는 사람이었으므로 그의 판단을 믿을 수 있었다. 그의 말은 놀라웠으며, 부러웠다.

예술작품과 예술작품이 아닌 것을 구별하게 하는 기준은 명확하게 제시할 수 있는 것이 아니다. 그러나 한 사람의 예술가로서 예술이 되지 못하는 작품을 지적할 수 있다는 것은 부정할 수 없다. 물론 그런 부정적 평가를 하는 예술가에게 반대 의견을 제시하는 다른 예술가가 있을 수 있다. 그들 간의 찬반 논쟁이 가능할 수 있다. 하지만 그런 논쟁이 어떤 합의에 이르게 되리라는 기대는 할 수 없다. 중요한 것은 예술이 아닌 것에 대하여 당당하게 판단할 수 있는 예술가가 있다는 사실이다. 자기 자신이 예술가로서 창작을 해 가고 있기 때문에 예술작품이 될 수 없는 것에 대한 자기 나름의 판단기준이 형성되어 있다는 것이다.

예술가로서 끊임없이 성숙해 간다는 것은 예술에 대한 자신의 마음이 성숙해 간다는 것이다. 스스로 창작해 가는 작품을 보는 눈이 성숙해 간다는 것이다. 작품의 예술성 또는 예술적 가치를 보는 눈이 더 높아진다는 것이다. 평가의 수준이 높아지고, 더 정확하게, 더 깊이 있게, 더 포괄적으로 작품을 볼 수 있다는 것이다. 여전히 그런 평가의 기준을 정확하게 제시한다는 것은 불가능하고, 무의미할 수 있다. 직관적이고 영감적인 평가가 불가피하기 때문이다. 일상언어와 합리적 논리가 미치지 못하는 인식의 세계이기 때문이다.

"이것은 예술이 아니야!"를 말하는 예술가가 있듯이 "이것은 철학이 아니야!"를 말하는 철학자가 있을 수 있는가? 나 자신은 다행히 철학자의 길을 지키면서 생애의 마지막 단계에까지 올 수 있었으므로 철학과 철학이 아닌 것을 구별할 수 있는 마음이 생겼다고 생각한다. 철학자의 길을 떠나 버릴 수도 있었던 여러 번의 체험을 기억하면서 그런 길로 빠져나가는 것은 철학을 떠나는 것이었다고 생각하게 된다.

대학의 철학교수로 남아 있는 사람들, 또는 잠시 다른 길로 나갔다가 다시 교수직으로 돌아와서 정년을 맞이하는 사람들, 또는 전임교수가 되지 못한 시간강사로서 어려운 생활을 하면서도 철학 강의를 계속하는 사람들을 모두 철학자라고 할 수 있다. '철학자'라는 말은 그처럼 넓게 쓸 수 있는 것이다. 하지만 철학 강의를 계속한다는 것과 철학을 계속한다는 것을 같은 것으로 말할 수 있을까? 한평생 철학 강의를 한다는 것과 한평생 철학을 해 간다는 것은 다른 의미를 갖는 것 같다.

철학을 한평생 계속한다는 것은 철학자로서 계속 성장하고 성숙해 간다는 것을 의미한다. 예술가로서 성숙해 가는 것과 같은 것이다. 수도자로서 성숙해 가는 것과도 같은 것이다. 멈출 수 없는 수행의 과정을 뜻한다. 인식능력에서의 성장을 의미한다. 세상을 보는 인식능력에서 성장해 간다는 것이다. 현실세계와 이상세계의 차이를 더 예리하게 인식하면서 현실세계가 이상세계로 발전해 갈 수 있는 길을 제시할 수 있게 된다는 것이다. 그런 인식능력의 성장이 수반하는 것은 언어능력이며 표현능력이다. 성숙한 수도자일수록 언어적 표현능력에서 더 자유로워진다. 성숙한 예술가일수록 자신의 예술언어에 더 능하게 된다. 성숙한 철학자일수록 철학적 표현의 언어에 더 유능해진다는 것이다. 더 논리적이면서 더 명확한 언어로 표현할 수 있다는 것이다.

수도자이든 예술가이든 철학자이든 인식능력에서 성장해 간다는 것은 또한 독자적 문제를 발견하고 그 문제에 대한 창조적 해답을 제시하는 능력에서의 성숙을 함께 의미한다. 창조적이어야 한다는 것이다. 창조적 작업을 계속해 가는 성숙을 말하는 것이다. 창조능력이 보이지 않는 작품, 또는 작가의 창조능력이 성숙해 가는 것을 보이지 않는 작품은 예술작품이 아니라고 평할 수 있다. 철학자에게서도 그런 창조작업이 멈추어 버린 것을 볼 수 있다. 철학 강의는 하고 있지만 철학하기를 멈추어 버린 철학자라는 것이다.

예술에서의 창작이 어렵고 귀한 것은 발표되는 작품에서 볼 수 있다. KBS FM을 통해서 발표되는 신작 가곡은 대부분 다시 들을 수 없는 곡이다. 음악계에서도 다시 불러 주는 사람이 없으므로 신작으로 발표되고는 묻혀 버린다고 한다. 미술 전시회에서도 관람객의 발을 멈추게 하는 작품은 거의 없다. 창작으로서의 가치와 의미가 전달되지 못하는 습작인 경우가 대부분이다. 예술이 되지 못하고 기술에 멈춘 것들이다. 창조능력의 문제일 수 있다. 창조능력은 타고나는 것이라는 말에도 유의해야 한다. 하지만 창조능력을 타고났다는 사실을 확인하는 방법은 철저한 교육을 통한 길밖에 없다. 창조능력을 개발하면서 기술의 기초를 닦아 가는 교육을 말한다. 기술학습을 말하며, 특히 예술에서는 모방을 통한 학습도 말한다.

그런데 기술학습과 모방학습의 과정에서 창조능력이 개발되지 못하고, 기술의 수준에서 멈추어 버릴 수 있다는 것이다. 모방작업을 벗어나지 못하고, 기교화의 수준을 벗어나지 못하게 된다는 것이다. 타고난 창조능력이 부족하기 때문이라고 할 것인가? 창조능력을 개발하는 교육이 철저하고 충분했음에도 창조능력의 개발이 이루어지지 않았다면 타고난 능력 문제라고 해야 할 것이다. 하지만 기초교육과 기술교육이 잘못되는 경우가 허다하다. 안타까운 사실이지만 지금 우리의 예술교육에도 그런 문제가 원인으로 작용하고 있다. 오히려 타고난 창조능력을 죽이는 교육이 되고 있는 불행한 교육조건과 교육환경도 있다. 창조적인 예술작품보다 기교적인 습작품이 지배하면서 예술과 기술의 차별화를 혼란스럽게 하는 우리의 예술계가 미치는 악영향을 무시할 수가 없다. 창작을 계속하는 예술가들, 예술계의 후진들로부터 존경을 받는 선배 예술가들이 "이것은 예술이 아니야. 기교를 벗어나지 못하는 습작일 뿐이야!"라고 솔직하게, 단호하게 평가해 주는 것이 우리 예술계에 꼭 필요하다. 상업주의와 관료주의, 권위주의와 파벌주의로 병들어 버린 우리의 예술계를 치유해야 하는 책임감을 통감하는 예술가들의 용기와 결단을 기대해 본다.

예술과 예술이 아닌 것에 대한 이야기를 철학자로서 장황하게 늘어놓는 것은 우리의 예술계를 비판하자는 뜻이 아니다. 우리 철학계의 병이 예술계의 병보다 더 심각하다는 판단 때문이며, 치유의 가능성에서도 예술계에서는 그 가능성이 지금도 보이지만, 우리 철학계에는 그런 가능성조차 보이지 않는다는 절망감 때문이다. 철학을 창조적으로 할 수 있다는 생각조차 하지 못하는 철학교수들이 대부분이다. 교조적으로 철학 강의를 하는 것, 또는 철학사의 지식을 강의하는 것이 곧 철학교수의 일이고 철학자의 일이기 때문에 그것은 철학을 하는 것이 아니라는 생각은 상상조차 할 수 없는 것이 우리 철학계의 풍토이다. 철학교육을 그렇게 받아 왔고, 선배 철학자들이 그렇게 철학 강의를 하고 있으므로 아무런 문제가 되지 않는다는 것이다. 다만, 오늘의 대학생들이 그런 철학 강의를 거부하고 있다는 사실이 문제로 인식되고는 있지만 대처할 능력이 없으니까 대학교수로서의 자기 자리만 지키면 된다는 생각을 하게 되는 것이다.

철학사의 몇몇 철학자들을 소개하고 철학사상의 변화과정을 소개하는 것은, 철학사의 지식을 전하는 것이지 스스로 철학을 하는 것이 아니다. 독자적 문제를 제기하면서 독창적 해답을 시도해야 한다. 당장에 큰 철학자로 성장해야 한다는 것이 아니다. 창조적으로 철학을 하는 작업을 쌓아 가야 한다는 것이다. 철학자로서 성숙해 가는 모습을 보여 주어야 한다는 것이다. 철학적 인식능력에서 성숙해 가고, 철학적 언어능력에서 성숙해 가는 수행과정을 지속해 가면서 창조적인 작업을 축적해 가야 한다는 것이다. 철학 강의에서 오늘의 대학생들이 보고 싶은 것은 그런 철학자의 모습이다.

철학에서 교조주의가 문제시되는 것은 종교의 영향이라고 할 수 있다. 교주를 모시고 그에게 예속됨으로써 수도자의 길을 지켜 가기만 하면 된다는 생각이 철학의 교조주의를 가능하게 한다는 것이다. 수도자의 길에서는 창조능력이나 창조적 작업이 필요 없다는 생각이 지배적이다. 수도자의 길을 선택하는 것부터 그런 예속을 받아들이기 위한 것으로 볼 수 있다. 하지만 수도자의 길에도 창조능력을 통한 성숙이 가능하다. 종교적 인식능력에서의 성숙을 제한할 수 없다. 제도화되고 의식화된 종교적 표현방법이 있지만 그것에 제한될 이유는 없다. 종교의 보수성은 필요하고 유효한 것이지만, 변화한 시대와 문화에 맞게 종교적 메시지를 해석하고 확장하는 문제는 남아 있다. 종교적 언어와 의식이 시대와 문화에 맞지 않을 수도 있다. 종교도 역사적으로 존재하는 것이므로 진화해야 한다. 변화의 주기가 철학사상의 변화주기보다 훨씬 길다고 할 수 있다. 예술 양식과 장르의 변화주기는 철학사상의 변화주기보다 훨씬 짧다. 예술에서의 창작이 그만큼 더 자유롭고 다양하다는 것을 말한다. 철학은 이런 예술에서 창조성의 소중함을 배울 수 있다는 것이다. 그러면서, 철학은 그런 창조능력이 종교에서, 수도자의 길에서도 중요할 수 있음을 보여 주어야 한다는 것이다. “이것은 철학이 아니야!”를 철학자 자신에게 말할 수 있을 때, 그런 철학자의 마음으로 “이것은 종교가 아니야!”도 말할 수 있을 것이다. 물론, 수도자의 길을 가고 있는 사람이 스스로 “이것은 수행의 길이 아니야!”라고 말할 때 그것은 종교를 보고 있는 철학자에게 언제나 새로운 문제를 던져 주게 된다. 긴장하게 하고, 심각하게 한다. 그런 수도자의 인식능력에 대한 철학적 이해를 문제시하게 되는 것이다.

예술철학의 문제

아름다운 것을 추한 것과 구별하고, 진짜를 가짜와 구별하는 예술가의 감각과 판단능력을 인식론과 가치론의 문제로 다루는 것이 예술철학이다.

아름다움을 판단하는 예술가의 특수능력이 또한 진짜와 가짜를 민감하게 구별하도록 한다. 예술작품의 진짜와 가짜를 구별하는 것만이 아니라, 진짜 성직자와 가짜 성직자도 구별하게 한다. 진짜 도덕군자와 가짜 도덕군자도 구별하게 한다. 진짜 천재와 가짜 천재도 구별하게 한다. 진짜 스승과 가짜 스승도 구별하게 한다.

예술작품에서 아름다움을 볼 수 있게 하는 여러 가지 조건들 중의 하나는 작품의 완성도이다. 작품이 전하고자 하는 메시지가 명확하면서, 의미 있는 내용이어야 하며, 구조적으로도 조화와 균형과 통일성을 이루어 내는 안

정감을 보여 주어야 한다. 특히 전체와 부분의 관계를 의식하면서 어느 한 부분도 미완성으로 남겨 두어서는 안 된다. 미세한 부분에까지 관심을 두면서 전체 작품을 완성해 가는 완성도에 유의해야 한다는 것이다. 이런 완성도를 통해서 작품의 아름다움을 볼 수 있는 예술가이기 때문에 다른 직책이나 능력에 대해서도 진짜와 가짜의 구별을 예리하게 할 수 있다는 것이다.

진짜와 가짜를 구별해 내는 예술가들의 판단에 우리 사회전체가 귀를 기울이는 것이 요청된다. 그런 예술가들이 우리 사회 곳곳에서 진짜와 가짜를 가려내 주는 역할을 하게 해야 한다. 그러면서 우리 사회는 예술계에서 문제가 되고 있는 진짜 예술가와 가짜 예술가, 진짜 예술작품과 가짜 예술작품의 명확한 구별에 대해서도 대책을 찾아야 할 것이다. 예술가들 자신에게 그 해결책을 맡기기에는 혼돈과 혼란의 도가 한계수준을 넘어섰기 때문이다.

예술철학의 관점에서 볼 때, 진짜 예술가와 가짜 예술가는 어떻게 구별될 수 있는가? 예술가의 특수능력으로 말할 수밖에 없을 것이다. 인식론적 문제가 된다는 뜻이다. 예술가에게서 볼 수 있는 영감을 전제하지 않을 수 없다. 물론 그것은 예술가의 작품을 통해서 표현된 영감으로 말해야 한다. 그러나 예술철학에서 예술가의 영감을 특수능력으로 말한다는 것은 그 능력이 예술창작에만 국한된 것이 아니라 다른 영역의 다른 문제에도 적용될 수 있는 능력으로 일반화할 수 있음을 전제하는 것이다. 앞서 지적한 것처럼 예술 외적인 영역에서 진짜와 가짜를 예리하게 분별할 수 있는 예술가의 능력이 그런 것이라는 뜻이다. 사회, 문화, 역사의 모든 대상세계에서 예술가들의 참여가 그런 인식론적 판단을 가능하게 할 것이다.

예술가가 진짜와 가짜를 민감하게 구별할 수 있는 능력은 아름다움과 추함을 구별하는 능력에 기초한 것이라고 했다. 도대체 예술가들이 보여주는 아름다움에 대한 특수한 감수성은 어떻게 얻어지는 것인가? 아름다움에 대한 주관주의와 상대주의만으로는 설명이 가능하지 않은 문제이다. 왜 아름다워야 하는가라는 질문은 가치론의 문제이면서 또한 존재세계 그 자체에 관한 문제이다. 창조된 이 세계가 왜 아름다워야 했던가? 예술가들이 창작하는 작품은 왜 아름다워야 하는가? 이런 가치론적 질문은 도대체 이 세상이 왜 존재해야 하는가라는 존재론적 질문처럼 해답을 허용하지 않는다. 하느님이 창조해 주었기 때문에 이 세상이 존재하게 되었다는 종교적 해답은 궁극적 해답이 될 수 없다. 그런 하느님은 왜 존재하느냐라는 질문을 피할 수 없기 때문이다.

이 세상이 왜, 어떻게 존재할 수 있었느냐라는 존재론적 질문은 접어두고서도, 이 세상이 왜 아름다워야 하느냐라는 가치론적 질문은 여전히 의미 있는 질문이 된다. 이것 역시 가치론에서의 궁극적 질문이기 때문에 해답을 기대할 수는 없다. 그러나 우리는 이 세상의 존재를 체험하면서 살아가듯 이 세상의 아름다움도 체험하면서 살아간다. 더욱 중요한 것은 그런 아름다움을 우리 스스로 창작할 수 있다는 사실이다. 하느님의 창조와 같은 창조능력이 우리 인간에게 부여된 것은 아니다. 집을 짓는 것과 같이 필요한 도구를 만드는 일은 다른 동물들도 가능하다. 동물들도 아름다움을 위해 작품을 만든다고 할 수 있을지는 알 수 없다. 그런데 우리 인간에게는 누구나 아름다움을 위해 작품을 만들 수 있는 능력이 주어진 것 같다. 다만, 다른 여러 가지 능력에서처럼 차별화된 능력으로 주어졌다는 것이다.

예술가의 특수능력은 발견되는 것이다. 예술가로 성장하면서, 예술작품을 창작해 가면서 그 능력이 확인되어 가는 것이다. 진짜 능력과 가짜 능력도 그런 과정을 통하여 구별될 수 있는 것이다. 그러나 인간사회의 온갖 조건들 때문에 악화가 양화를 구축하는 상황이 될 수 있듯이, 가짜가 진짜를 구축하는 상황이 될 수도 있다는 것이다. 우리의 영혼을 순수하게 해 준다는 철학이 할 수 있는 일은 가짜와 진짜를 구별하고, 악화와 양화를 구별하는 판단이다. 예술가의 영감을 볼 수 있는 철학자의 영혼을 말한다. 순수한 철학자의 영혼으로 볼 때 예술가의 작품에서 표현되는 진짜 영감을 볼 수 있다는 것이다. 이것이 예술철학이 해야 할 일이다. 진짜 예술가의 진짜 예술작품을 철학적으로 음미해 보면서 철학자 자신의 영혼을 맑게 해 가도록 해야 한다는 것이다.

문학철학

'문학철학'의 의미가 다양한 것처럼 문학과 철학의 관계는 복잡하다. '문학철학'은 문학을 논하는 철학으로 쉽게 생각할 수 있다. 하지만 무엇을 어떻게 논할 것인가를 생각하면 단순한 해답이 없다. 문학을 논하고자 하는 철학이지만, 우선 문학의 철학화를 시도하자는 것은 아니다. 문학의 철학화는 필요하지도 않고 가능하지도 않기 때문이다. 문학은 철학보다 더 자유롭고 더 창조적이다. 철학에서는 가능하지 않은 상상력을 문학은 기본적인 힘으로 적용한다. 시(詩)를 쓸 수 없으면 소설을 쓰고, 소설을 쓸 수 없으면 수필을 쓰고, 수필을 쓸 수 없으면 철학을 한다는 말은 여전히 유효하다. 수필철학을 수필문학과 비교하더라도 수필문학이 더 자유롭다. 수필철학은 논리의 힘을 중요시하지만, 수필문학은 상상력을 더 중요시한다. 어쨌든, 문학을 굳이 철학화할 이유가 없다.

'문학철학'은 문학 속의 철학을 논할 수 있다. 깊은 철학적 내용을 담고 있는 문학작품들이 있다. 그런 뜻의 '문학철학'이라면, 그 역으로 철학 속의 문학을 논하는 것을 의미하게 할 수도 있다. 철학이 문학적 표현력을 빌릴 수 있다. 문학적 상상력으로 비약하면서 논리적으로 연결시키고자 시도해 볼 수도 있다. 그런 시도를 해 보다가 철학에서 문학으로 넘어가 버리는 철학자-문학인이 되기도 하는 것이다. 철학의 문학화를 성공적으로 이루어 내는 철학자가 된다는 것이다. 현대 서양철학자들 중에서는 러셀과 사르트르가 대표적인 인물이라고 할 수 있다.

문학과 철학의 이러한 특수관계는 문학언어가 철학언어와 같다는 데서 그 원인을 찾을 수 있다. 문학과 철학은 다 같이 자연언어라고 하는 일상언어를 쓴다. 같은 일상언어를 사용하면서도 철학은 논리적 사유를 명확한 언어로 표현하는 데 관심을 두어야 하고 문학은 자유로운 상상력을 예술의 언어로 표현하는 데 관심을 두어야 한다는 것이 서로 다르다. 문학은 예술이면서도 끊임없이 예술을 지향해야 하는 것도 문학의 언어가 다른 예술의 언어와는 근본적으로 구별되는 일상언어이기 때문이다. 음악언어, 미술언어, 무용언어 등은 예술언어로서 각 장르의 예술적 표현을 위해 만들어지고 진화된 것이다. 그런 예술분야에서는 그 언어를 배우는 것이 곧 예술적 표현능력을 배우는 것으로 이해된다. 하지만 문학에서는 일상언어를 그대로 쓰기 때문에 언제라도 그 표현이 저속해질 수 있다. 통속적으로 될 수 있고 상투적으로 될 수 있다. 진부해질 수도 있다. 문학작품의 예술성에 결정적 제한 요인이 되는 언어적 표현이 될 수 있다는 것이다.

다른 예술언어와 비교할 때 문학언어가 갖는 장점은 물론 일상언어의 힘과 풍부한 표현력에 있다. 철학만이 아니라 종교까지도 문학 속에서 표현될 수 있다는 것을 말해 주는 것이 일상언어, 즉 자연언어의 힘이다. 예컨대 기독교의 하느님을 '말씀'(Logos)으로 개념화할 때, 하느님의 마음 또는 뜻은 자연언어인 일상언어를 통하여 전달되고 표현될 수 있음을 의미한다. 종교적 경전은 일상언어로 전해지고 쓰인 것이지만 종교적 계시나 영감, 또는 종교적 깨달음으로 얻는 '말씀'을 표현해 주기에 충분하다는 것을 함축한다. 문학은 그런 자연언어를 공유함으로써 종교적 '말씀'과 철학적 '사상'은 물론, 다른 모든 예술언어들의 메시지도 문학언어로 다시 해석하여 표현해 줄 수 있다.

문학철학에서 철학이 해야 할 기본작업은 이러한 문학의 특성과 문학의 힘을 철학적으로 이해하고자 하는 일이다. 문학작품들을 통하여, 또 문학인들을 통하여 문학적 상상력을 이해하고자 해야 한다. 문학적 해석이 철학적 해석과 어떻게 다른 것인지도 이해해야 하고, 문학적 가상세계의 가능성과 한계성에 대해서도 이해하고자 해야 한다. 작품에서의 문학적 구상, 문학적 전개, 그리고 문학적 표현이 문학적 상상력과 창조성과 어떻게 연관되는지도 이해하고자 해야 한다.

문학을 다양한 측면에서 깊이 있게 이해하는 문학철학이 된 후에야 문학작품에 대한 철학적 비판이 유의미할 수 있다. 어떤 비판이 가능할 수 있는가?

문학은 역사적 사실을 재구성하여 역사소설을 쓰게 한다. 역사적 기록을 위한 작업이 아니라, 문학적으로 조명해 보는 역사적 사건의 소설화라는 것이다. 그런 문학적 조명이 역사의 기록보다 더 진실할 수 있다는 것이 역사소설의 힘이기도 하다. 하지만 모든 역사소설이 그런 진실성의 평가를 받을 수 있는 것은 아니다. 역사소설의 허구성이 문제가 될 수 있다. 문학적 상상력의 문제를 넘어서 역사왜곡의 문제를 제기할 수 있다. 진실성을 지향해야 하는 역사소설의 허구성을 문제시하고 비판하는 것은 가능하다.

문학은 공상과학소설을 쓰게 한다. 미래적 가상세계를 상상해 보는 공상과학소설이라고 한다. 그런 소설이 역사의 흐름과 함께 예언서와 같은 미래 예측의 능력을 보여 주는 것이 되어, 또 한 번 문학의 힘을 과시하게 되기도 한다. '공상과학소설'이 아닌 '과학소설'(science fiction)의 가능성을 보여 준다는 것이다. 공상과학소설의 공상성을 제한할 수는 없을 것이다. 만화의 세계가 대체로 그런 것이다. 하지만 문학작품으로서의 평가를 하고자 할 때 공상과학소설과 과학소설을 구별하여 평가할 수는 있다. 과학의 발전이 미래세계의 변화를 예측할 수 있게 하는 오늘의 상황에서는 문학이 그리는 가상의 미래세계도 '과학적' 소설이 될 수 있다. 현대과학이 허용하는 가상적 미래세계를 문학적으로 다시 그려 줄 수 있다는 것이다. 물론 과학적 가능성의 한계를 명확하게 규정한다는 것은 불가능할 수 있지만, 그런 기준을 적용하는 철학적 비판은 가능할 수 있다. 지나친 공상성을 비판한다는 것이다.

문학은 언제든 가상의 세계로, 상상의 세계로 떠나는 소설을 쓸 수 있게 하지만, 그런 작품에서도 현실세계를 망각하게 해서는 안 된다는 것이다. 현실세계와의 관계를 무시해서는 안 된다는 것이다. 그것은 문학인이 속해 있는 현실역사의 세계이고, 자기 문화의 세계이다. 그 문학작품이 예상하는 독자들의 현실세계이다. 그들의 역사와 문화를 바탕으로 하는 현실세계이다. 그런 현실세계를 새롭게 볼 수 있도록 하기 위해서 그 세계를 떠나 보는 작품의 세계가 될 수는 있지만, 현실세계를 도피하는 작품세계가 될 수는 없다는 것이다. 현실 도피적인 문학작품을 비판할 수 있다는 것이다. 그런 역사와 문화의 뿌리를 무시한 작품을 마치 '세계인'의 작품인 것처럼 착각하는 작가도 있고 평론가도 있다. 자기 역사와 문화의 뿌리를 끊어 버리고 떠돌이 인생이 된 자칭 '세계인'이 있는 것도 사실이다. 하지만 그런 국적 없는 문학, 뿌리 없는 문학의 현실 도피성은 비판의 대상이 될 수도 있다.

문학에 대한 철학의 비판에서 가장 신중히 해야 할 것은 이념과 관련된 문제이다. 문학작품에 대하여 이념적 선택을 강요할 수는 없다. 보수주의 작품이 있을 수 있고, 진보주의 작품이 있을 수 있다. 철학에서도 보수주의 철학이 있을 수 있고, 진보주의 철학이 있을 수 있는 것과 같다. 보수주의와 진보주의가 공존하면서 역사 발전에 함께 기여하는 상황이 가능하기 때문이다. 하지만 상황이 언제나 이념적 공존을 가능하게 하는 것은 아니다. 이념적 갈등이 심화되면서 더 이상의 공존이 불가능해지는 변화가 가능하다. 그런 갈등의 상황에서는 역시 지양적 종합을 추구하게 하는 것이 문학이나 철학의 이상이라고 해야 할 것이다. 보수주의에서 시작하든, 진보주의에서 시작하든 갈등을 심화시키고 연장시키는 편파적 기능보다는 지양적으로 그 갈등을 종합하여 넘어서게 하는 문학과 철학의 역할을 말한다.

하지만 또 다른 상황의 변화가 있다. 역사발전의 방향이 명확하게 제시되고 있는데도 그것을 저항하고 부정하는 장벽이 문제가 되는 상황이 있다. 민주화를 위한 독재 권력과의 투쟁이 불가피한 상황이 있다. 제국주의적 침략에 항거해야 하는 상황이 있고, 제국주의적 식민지로부터 해방되기 위한 투쟁의 상황이 있다. 강대국의 군사력과 경제력을 이용한 온갖 수단 방법의 착취에 대한 전쟁이 불가피한 상황이 있다. 이러한 극한 상황에서 문학이나 철학, 예술이나 종교가 어느 편에 서 있어야 할 것인가는 자명하다. 그런데도 독재 권력의 하수인이 되고, 착취와 탄압의 동조자가 되는 문학이 있다면 비판을 받아야 한다. 제국주의적 식민지로부터 독립운동을 해야 하는 상황에서 제국주의 지배를 찬양하는 문학작품이 있다면 비판을 받아야 한다.

문학이 침략자의 편이나 착취자의 편에 설 수 없다는 것은 자명하다고 하지만, 그런 문학작품이 있고 그런 문학인이 있다는 사실은 부정할 수 없다. 작품 자체가 그런 비판의 대상이 될 때는 침략의 시대가 지나고 착취의 시대가 지나면서 당연한 비판을 받게 되기 때문에 별 문제가 없다. 문제가 되는 것은 그런 권력의 하수인 노릇을 한 작가가 작품으로서는 문제가 되지 않는 '순수한' 작품을 남겼다는 데 대한 평가를 해야 하는 상황이다. 작가의 행위와 작품을 구별하여 평가해야 한다는 주장이 있기 때문이다. 착취와 침략에 동조하는 작가와 작품을 창작하는 작가가 동일 인물이지만 기능상으로는 구별되어야 하는 서로 다른 인물로 볼 수 있다는 것이다. 이중인격자로 이해할 수도 있고, 정신분열증 환자로 이해할 수도 있다는 것이다.

작품의 우수성을 그 작가의 잘못된 행위와 구별하여 평가하고자 하는 의도는 충분히 이해할 수 있다. 그러나 이런 상황에서도 우리가 조심스럽게 제기할 수 있는 문제는 문학작품을 통해서 만날 수 있는 작가의 영혼을 어떻게 이해할 수 있느냐는 것이다. 그런 작품에서도 작가의 영혼을 만날 수 있는 것일까? 만일 분열된 영혼의 한쪽을 만나게 된다면, 그 때에도 그 작가의 영혼이 작품을 통해 표현되었다고 할 것인가? 아니면 그런 작가의 작품은 영혼이 없는 기교적 작품이라고 할 것인가? 기교적으로만 우수한 작품이라는 한계를 넘어설 수 없다는 것을 인정해야 할 것인가?

문학사에는 유명 작가들이 고통의 현장을 찾아서 체험하는 이야기들이 있다. 무차별 학살과 파괴가 자행되는 전쟁의 현장을 찾아가는 이야기들이다. 질병과 빈곤으로 신음하는 난민촌을 찾아가는 이야기들이며, 도시 빈민가에서 절대 빈곤을 체험하는 이야기들이다. 정치적 탄압으로 죽고, 인종차별과 착취로 죽어 가는 사람들의 현장을 찾아가는 이야기들이다. 고통의 체험이 중요하기 때문이다. 고통에 동참하는 것이 그 고통의 의미를 이해할 수 있게 하기 때문이다. 고통의 의미를 깨닫게 될 때 비로소 역사의 미래를 내다볼 수 있기 때문이다. 창조적 발상을 가능하게 하는 조건이며, 창조적 작품을 탄생하게 하는 조건이라는 것이다.

'말씀'으로 역사가 시작되었으며, '말씀'으로 역사가 전개되고, 역사가 지향할 바의 의미를 깨닫게 하며, '말씀'으로 역사가 완성되리라고 하는 것은 한 편의 문학작품으로 이해될 수도 있다. 종교와 철학을 포함하면서 역사의 의미를 조명해 주는 한 편의 역사소설이라고 할 수 있다.

마지막 자유

창작하는 문학인에게는 구속이 있을 수 없다. 더 좋은 작품을 쓰겠다는 생각을 욕망이라고 한다면 그런 욕망에 사로잡혔다고는 할 수 있을 것이다. 하지만 그 한 가지 욕망을 위해 다른 모든 것으로부터는 자유로워야 하는 것이 창작을 추구하는 문학인의 마음일 것이다. 창작하는 모든 예술가들의 공통점일 것이다. 창작하는 문학인의 생활은 그런 자유로움을 보여 준다.

수도자에게는 종교적 제도 속에서 수행을 한다는 점이 자유의 제한을 뜻한다. 그런 자유의 제한이 오히려 수도자의 마음을 다른 일상적 · 세속적 구속으로부터 자유롭게 해 주는 것이다. 그런데 그런 제도화된 종교가 존재하기 전이나 그런 종교의 제도를 벗어나서 홀로 수도자의 길을 걷기로 한 사람들은 어떤 자유를 누렸을까? 예수의 수행이 그런 것이었을 것이다. 붓다의 수행이 그런 것이었을 것이다. 예수나 붓다를 구속할 수 있는 종교적 제도는 아무것도 없었다. 창작하는 문학인의 자유와 다를 바 없는 자유를 누릴 수 있었을 것이다. 그러면서도 붓다나 예수에게는 창작의 욕망이 지배한 것도 아니었다. 무엇이 붓다나 예수의 삶에 중심이 되어 주었던 것일까? 그런 한 가지 중심도 없이 완전히 자유로운 사람은 아무것도 성취할 수 없을 것이다.

붓다와 예수에게는 깨달음을 얻고자 하는 수도자의 길이 있었다. 깨달음을 얻어서 사람들에게 바른 길을 가르쳐 주고자 하는 스승의 마음이 있었다. 결과적으로 예수와 붓다는 많은 사람들에게 스승이 되었다. 새로운 종교를 탄생시켰다. 많은 사람들이 그 종교의 제도 안에서 수도자의 길을 수행해 갈 수 있도록 해 주었다. 깨달음의 길을 남들에게 가르친다는 것은 그 자체가 부자유함을 준다. 스승으로서 감당해야 하는 부자유이다. 붓다는 40년이란 긴 세월을 스승으로서의 책임을 감당해야만 했다. 예수는 3년이란 짧은 시간을 스승으로 살았지만 십자가를 져야 하는 부자유를 감수하게 되었다. 십자가를 선택하는 자유라고 해야 할 것이다. 죽음을 선택하는 마지막 자유였다고 해야 할 것이다.

철학자도 자유를 누리고자 하지만 스승이 되어야 하는 책임과 의무가 있다. 철학자의 자유와 부자유는 붓다의 그것과 같을 수 있다. 다만, 붓다의 가르침이 주는 것과 철학자의 가르침이 주는 것은 다르다는 것이다. 철학자에게는 예수의 십자가와 같은 선택이 부자유를 주지 않는다. 죽음을 선택해야 하는 마지막 자유 같은 것이 문제가 되지 않는다.

십자가를 선택한 예수의 마지막 자유는 참으로 특이한 것이었다. 독배를 선택한 소크라테스의 마지막 자유에 비교해 보기도 하지만, 예수가 남긴 것과 소크라테스가 남긴 것을 비교해 보면 그들의 선택 자체가 지닌 차이점을 이해할 수 있다. 종교적 의미를 갖게 한 예수의 선택과 철학적 의미를 갖게 한 소크라테스의 선택으로 대비시킬 수 있는 것이다. 예수는 십자가를 선택한 그의 죽음이 어떤 종교적 의미를 갖게 될 것인지 알고 있었을 것이다. 소크라테스는 독배를 선택한 그의 죽음이 어떤 철학적 의미를 갖게 될 것인지 알고 있었을 것이다. 예수나 소크라테스는 죽음을 선택해야 하는 마지막 자유를 떳떳하게, 당당하게 행사해 내었다.

그런데 오직 작품의 창작에만 '구속' 되어 있던 문학인이 죽음을 선택하는 행위는 어떻게 이해해야 할까? 창작하는 일 외에 아무것도 그를 구속할 수 없었던 문학인이 그런 자유를 모두 버리게 하는 마지막 자유, 즉 죽음을 선택하는 자유를 받아들이는 까닭은 무엇일까? 창작의 길이 막혔기 때문일까? 유일하게 자신을 '구속'해 온 창작에의 길이 더 이상 가능하지 않다고 판단했기 때문일까? 헤밍웨이와 카뮈의 선택이 그런 설명을 가능하게 한다. 물론, 소크라테스의 선택이나 예수의 선택과는 다른 것이다.

죽음을 선택하는 마지막 자유는 사실 누구에게나 주어져 있다. 그러나 마지막 자유로 선택하는 죽음의 의미는 사람마다 다를 수 있다. 무의미한 죽음이 되기 때문에 자유로운 선택이라고 할 수 없는 경우도 허다하다. 그런 무의미한 죽음이 되는 것을 받아들일 수 없기 때문에 창작하는 문학인은 죽음을 선택하는 것인지도 모른다. 자신이 창작하는 작품 속에서도 허용할 수 없는 것이 무의미한 죽음이므로 스스로의 죽음에 대해서도 마지막 자유로 선택하는 죽음이 되게 하는 것이리라.

문학적 진실

1. 문학작품의 상업적 가치를 중요시한다면, 작품의 문학적 가치를 평가하여 경박하나든지 신부하다고 하는 것이 문제가 되지 않는다. 저속하다든지 통속적이라고 하는 것도 문제시할 수 없다. 하지만 문학을 상업적 수단으로 내버려 둘 수는 없다. 문학의 본질이라는 것이 엄연히 존재하며, 작품을 문학적으로 평가해야 하는 기준들이 있다. 작품을 상품적 가치로 평가하지 않으면서 문학의 본연을 지켜 가는 문인들이 있기 때문에 우리는 언제든 문학으로 돌아가서 우리 문화의 새로운 창조를 기대해 보게 된다. 그런 문학인들이 지켜 가는 문학의 중요한 기능 중 한 가지가 문학적 진실을 추구한다는 것이다.

문학으로 진실을 말한다는 것은 작품을 통하여 분명한 메시지를 전하고자 하는 작가의 뜻을 말한다. 따라서 그런 문학적 진실은 폭로의 의미를 가질 수도 있고, 고발의 의미를 가질 수도 있다. 어떤 사실에 대한 증언의 기능이 될 수도 있고, 잘못된 것을 정정해 주는 기능이 될 수도 있다. 문학적 진실을 말하는 작품 자체가 비판의 대상이 될 수 있으며, 심지어는 보복의 대상이 될 수 있는 이유이다. 문학적 진실을 말하기 위해서는 용기가 필요하다는 것을 이해할 수 있게 한다. 문학이 현실역사와 문화 창조에 참여하고 책임지게 하는 용기를 말하기 때문이다.

오늘의 우리 문화계를 병들게 하는 것은 문학의 상업화만이 아니다. 역사의 왜곡도 문제가 되고 있으며, 철학의 침묵도 문제가 되고 있다. 예술작품이라고 발표되는 것들이 장난의 수준이나 기교적 수준을 벗어나지 못하는 것도 문제가 되고 있다. 종교는 신비의 베일에 가려져 있던 허구와 허상이 드러나면서 무관심의 대상으로 변하고 있다. 과학은 모든 문화 영역을 대신할 수 있을 것처럼 오만해지고 있다. 과학 만능이 입증된 것처럼 착각하게 만드는 것이다. 과학의 오만은 어쩌면 가장 무서운 문화적 혼란의 원인이 될 수도 있을 것이다.

문학, 역사, 철학과 예술, 종교, 과학의 영역에서 진단할 수 있는 문화의 병을 치유하기 위해서는 각 영역, 각 분야에서 새로운 힘이 솟아나야 한다. 창조적 힘이 솟아나야 한다. 그렇게 되면 이들 영역들은 서로에게 보완적인 도움을 줄 수 있다. 여기서는 우선 문학이 다른 영역들에 대하여 어떤 도움을 줄 수 있는지 논의해 보고자 한다. 문학적 진실이 과학, 종교, 예술, 철학 및 역사에 어떤 보완적 힘으로 작용할 수 있는지 음미해 보고자 한다.

2. 과학자임을 자처하는 사람이 TV에 나와서 "과학에는 불가능이 없습니다."라는 막말을 함부로 내뱉는 세상이다. 대부분의 과학자들은 그런 사람을 과학자로 인정하지 않을 것이다. 과학의 한계를 의식하지 못하는 사람은 과학을 제대로 아는 사람이 못 된다는 것이다. 그런데 우리의 문제는 거기서 끝나는 것이 아니다. 우리의 언론이 그런 사람을 TV에 나오게 해서는 과학에 대한 이야기를 과학자로 자처하면서 하게 하는 것이 또한 문제가 된다. 우리의 언론이 그런 수준에서 과학을 이해하고 있으며, 과학을 오해하고 있다는 것이 우리 사회, 우리 언론, 우리 문화의 문제라는 뜻이다. 과학의 오만에 대하여 제대로 평가할 수 없는 언론의 보도 내용이 그대로 통용됨으로써 과학이 모든 문화영역을 지배하게 될 것처럼 착각하는 사람들이 많다. 과학자들 중에서도 과학 만능주의 같은 표현을 그대로 사용하는 사람들이 있다. 하지만 많은 경우 그런 과학자들은 일상언어적 표현에 신중하지 않거나 표현능력의 미숙함 때문에 오류를 범하고 있다는 사실을 확인할 수 있다. 과학적 진리가 미치지 못하는 문학적 진실의 세계를 지적해 주면 곧 과학의 대상영역에 대한 인정을 한다는 것이다. 과학의 대상영역 안에서 과학적 방법에 의한 진리 탐구가 어떻게 가능한가를 말하고자 하는 것이며, 과학적 탐구의 방법이 발전함으로써 그 대상영역도 확장될 수 있는 가능성을 말하고자 한다는 것이다. 그렇다면 과학적 방법의 미래적 발전이 무제한적일 수 있는가? 따라서 과학적 탐구의 영역이 문학, 종교, 예술, 철학의 대상영역을 포함하는 데까지 확장될 수 있을 것인가? 이러한 문제제기와 문제의식에 대하여 과학 만능을 말할 과학자는 없다.

우리가 사는 세상, 우리가 경험하고 인식하는 세상은 여러 가지 시공간적 차원으로 이루어져 있다. 대충 나누어 보는 시공간적 차원을 말하자면, 우선 물리적 시공간으로 시작할 수 있다. 다음은 생명적 시공간이 있고, 의식의 시공간이 있다. 의식의 시공간 중에서는 인간의 의식 세계가 지구상에서 가장 진화된 세계라고 할 수 있으므로, 다시 차원화하여 지성적 시공간과 정서적 시공간을 나누어 생각할 수 있으며, 다시 영성적 시공간에 이르는 차원까지 나누어 볼 수 있다. 이런 차원 구별을 받아들일 때 과학이 대상으로 하는 차원은 물리적 시공간과 생명적 시공간으로 말할 수 있다. 그러나 생명의 세계에 대한 과학적 탐구도 '생명의 신비'라는 말을 완전히 극복해 내지 못하는 수준이다. 의식의 시공간에 대한 과학적 탐구는 의식 기능을 두뇌기능으로 환원하여 설명하는 문제가 불가피하게 하는 한계를 넘어서지 못하고 있다. 두뇌기능이 의식 기능을 수반하기도 하지만, 의식 기능이 두뇌기능을 수반하기도 하는 관계가 제기하는 한계 문제인 것이다. 이러한 의식 기능의 세계에서 우리 인간의 지성, 정서, 그리고 영성 기능을 대상화하고자 하는 과학이 어떻게, 왜 제한될 수밖에 없는가는 말할 필요가 없다. 과학적 진리로 우리의 지성세계, 정서세계, 영성세계를 충분히 이해할 수 있다고 할 사람은 없다. 그러나 문학은 자유롭게 그런 차원의 세계를 다룰 수 있다. 문학적 진실이 말해 주는 지성세계며, 정서세계, 영성세계가 우리를 감동시키고, 새로운 진실을 접하게 한다.

3. 종교적 진리는 영성세계에 관한 진리이다. 특수한 능력으로 체험되

는 세계이므로 일상적 체험의 세계가 아니다. 신비의 세계라고 하는 특수 체험의 세계이다. 종교는 특수능력을 가진 교주나 성인(聖人)들이 체험한 것을 모든 사람에게 전해 주면서 신비의 세계로 접할 수 있는 길을 열어 준다. 영성적 체험의 길을 열어 주는 것이다.

신비의 체험을 의미하는 영성적 체험은 그 자체로서도 의미를 갖는 것이지만, 그것은 영성적 힘으로 작용하여 지성적 마음과 정서적 마음에 영향을 주는 의미를 갖는다는 사실도 중요하다. 마음을 정화시켜 주고, 강하게 해 줄 수 있다. 마음의 번뇌와 갈등, 불안과 고통을 이겨 낼 수 있게 하는 힘을 준다는 것이다. 또한 영성적 체험은 사랑과 자비를 실천하게 하는 마음을 일깨워 줌으로써 종교적 체험의 힘이 사회적으로 긍정적인 기능을 하게 한다. 어떤 사회에든 종교가 있어야 하는 이유이다.

그런데 지금 유럽에서는 교회와 성당들이 텅텅 비어 있는 현상이 두드러져 기독교의 위기 또는 종교의 위기가 문제시되고 있다. 아직도 선교를 중요시하고 있는 우리나라 기독교의 미래를 예감하게 하는 문제이다. 기독교를 먼저 받아들였던 유럽이 겪고 있는 현상이므로, 결국 미국이 겪어야 할 문제이며, 태평양을 건너와 우리나라 기독교도 겪어야 할 현상으로 생각된다는 것이다.

왜 사람들이 교회나 성당을 떠나고 있을까? 기독교적 진리를 전하는 언어에 문제가 있는 것은 아닐까? 신비의 세계, 영성의 세계를 말하는 기독교의 언어가 사실상 공허해졌기 때문이 아닐까? 기독교 성서에 근거한 교리와 강론, 또는 설교가 영성적 체험의 길을 열어 주는 것이 아니라, 오히려 그런 체험에 장애가 되기 때문은 아닐까? 영성적 체험에 이르고자 하는 갈망과 갈증이 없어진 것은 아닐 것이다. 물론, 현대인이 점점 더 세속화되고 있다는 말은 할 수 있다. 하지만, 그럴수록 영성적 체험의 필요성을 더욱 강하게 느끼는 현대인이라고도 말 할 수 있다. 문제는 이런 현대인에게 의미 있는 기독교의 메시지를 현대인에게 맞는 종교언어로 표현해 주지 못하는 데 있을 수 있다는 것이다. 이것은 사실 기독교만의 문제가 아니다. 모든 종교가 정통성을 강하게 지켜 오면서 공허해진 종교언어를 그대로 강요하고 있다는 것이다.

종교적 신비의 체험 또는 영성적 체험을 위한 종교적 메시지를 음악으로 표현한 것이나 회화로 표현한 것, 또는 희곡으로 표현한 것이나 건축적으로, 조형적으로 표현한 것은 여전히 중요한 의미를 갖는다. 감동으로, 영감으로 전달이 된다. 그렇다면 일상언어를 종교언어로 적용할 수밖에 없는 경전의 언어에 문제가 있다고 해야 할 것이다. 경전을 신성화하여 경전의 언어를 고정시키고 고착화하고자 한 것이 문제일 수 있다. 신성화된 경전의 언어를 함부로 해석해서는 안 된다고 한 것이 문제일 수 있다. 하지만 역사적으로 볼 때는 경전으로 선택한 것, 경전으로 기록한 것, 또는 다른 여러 가지 언어로 번역한 것이 모두 인간적 선택에 의한 것이며, 일상언어의 언어적 한계를 전제한 것이다. 경전은 언어적 방편일 뿐이다. 영성적 체험, 신비적 체험에 이르게 하는 길일뿐이다. 한 가지 길을 제시하는 통로가 아니라 다양한 길을 다양한 사람에게 안내해 주는 방편인 것이다.

문학적 감동도 영성적 체험을 가능하게 한다고 했다. 그렇다면 그런 문학의 길을 더 넓게 이해하여 전설의 문학, 신화의 문학, 경전의 문학을 특수화 해 볼 수 있을 것이다. 그러면서 전설이나 신화나 종교적 경전을 내용으로 하지 않는 순수 문학의 고전도 함께 고려해 볼 수 있을 것이다. 말하자면 종교적 경전의 진리도 문학의 특수 형식으로 표현되는 문학적 진실의 한 가지로 이해함으로써 자유로운 해석, 창조적인 해석을 가능하게 하자는 것이다. 고전 문학작품이 언제나 새롭게 창작될 수 있듯이, 전설 문학, 신화 문학과 함께 경전 문학에서도 새로운 창작이 가능할 수도 있다고 인정하자는 것이다.

4. 예술의 힘은 표현력이다. 특이한 예술언어의 힘이다. 음악언어, 미술언어, 영상언어, 조형언어, 무용언어, 연극언어 등이 제각기 특수 언어로서 표현력을 주고 있다. 이러한 예술언어의 표현력을 위해서 필요한 것이 언어능력이다. 예술의 영역마다 특이하게 요청되는 언어능력이다. 철저한 기술 학습을 통해서 개발되어야 하는 언어능력이다. 누구나 학습을 통해서 어떤 예술분야의 언어능력이든 개발할 수 있는 것은 사실이지만 결과적인 능력의 평가를 보면 타고난 능력이 작용한다고 해야 한다. 예술가가 될 수 있는 사람과 그렇지 못한 사람의 차이는 타고난 능력의 문제라는 것이다. 물론 예술언어의 능력, 즉 기술교육만으로 예술가가 될 수 있는 것은 아니다. 기술을 예술의 차원으로 승화시킬 수 있는 창조능력이 있어야 한다. 그런 창조능력을 전제하는 예술가의 조건에는 타고난 능력에

따라서 어떤 예술언어에 맞는 적성을 보이느냐가 문제 된다.

예술의 힘이 표현력에 있고 그것은 예술언어에 대한 학습된 능력 또는 개발된 능력이 결정한다고 할 때, 예술가의 언어능력이 얼마나 중요한 결정요인인가를 짐작할 수 있다. 자기의 적성에 맞는 예술 영역에서의 언어능력에 자신감을 갖게 되면 일단 예술가로서 자처할 수 있게 된다. 하지만 여기에 문제의 함정이 있다. 예술언어의 능력에 자신감을 가짐으로써 표현적 기교에만 만족할 수 있다는 것이다. 기교에 도취되고 집착할 수 있다는 것이다. 예술작품은 어떤 영역의 작품이든 감상자들에게 전하는 내용이 있어야 하고, 어떤 내용의 어떤 메시지를 전하느냐가 중요하다는 사실을 간과할 수 있다는 것이다.

기교적인 표현에 멈추어 버린 작품, 기교로 장난을 해 본 수준의 작품, 기술을 자랑하는 장식이나 설치의 용도를 위한 작품은 내용이 없다. 아무런 메시지가 없다. 그런 작품에 대한 감상자들의 반응은 작가에 대하여 무관심하게 한다. 메시지가 있는 작품이 표현해 주고 전해 주는 작가의 마음과 영혼을 그런 작품에서는 찾을 수 없기 때문이다.

예술언어와 표현력에 관련된 또 한 가지 문제는 예술언어들을 모두 일상언어에 비교해 보면 추상성이 높다는 것이다. 애매할 수 있고 모호할 수 있는 것이 예술언어이다. 표현의 심미적 가치를 위해 필요한 애매성이고 모호성이다. 추상화해야 하는 이유이다. 그런데 예술언어의 애매성은, 예컨대 일상언어의 애매성과는 다르다. 일상언어에서는 두세 가지 다른 의미의 해석이 가능한 정도의 애매성을 말하지만, 추상화된 예술언어에서는 거의 무제한의 다양한 해석을 가능하게 하는 애매성이 될 수 있다.

미술에서 구상화와 추상화의 의미전달에서 볼 수 있듯이, 구상화의 내용을 추상화로 표현하면서도 그 본래의 내용이 전달되지 않을 수 있다는 것이다. 하물며 그런 구상화의 내용을 바탕으로 하지 않고 본래부터 추상화로 표현된 작품일 때는 내용과 메시지의 전달이 사실상 불가능할 수도 있으리라는 것은 짐작이 된다. 작가는 자신이 의도하는 바의 메시지를 표현한 추상화이지만, 감상자들에게는 전혀 그런 내용이 전달되지 않을 수 있다. 너무 다양한 해석을 가능하게 하기 때문에 아무런 메시지도 읽어 낼 수 없게 된다는 것이다. 작품의 내용, 의미, 메시지를 파악할 수 없다는 것은 감상자들에게 언어적 부담을 주게 된다. 예술언어적 표현이지만 감상자들이 해석하여 이해할 수 있는 언어적 표현이 되지 못할 때 그것은 언어적 부담만 주는 잘못된 언어전달이라는 것이다. 이런 언어적 부담에 대한 책임은 당연히 예술가 자신의 문제로 돌아간다.

감상자들에게 언어적 부담을 주는 작품들이 너무 많이 발표되고 있다. 어떤 내용의 메시지를 어떤 예술언어로, 가능한 한 언어적 부담을 주지 않는 표현방식으로 언어화 할 것인지를 예술가 자신이 신중히 고려해야 한다는 것이다. 이런 예술가의 책임과 노력에 도움을 줄 수 있는 것이 예술언어를 일상언어와 관련시켜 보는 방법이다. 추상화를 구상화와 관련시켜 보는 방법과 같은 것이다. 예술작품에 제목을 붙이는 것도 그런 시도의 한 가지이다. 하지만 제목이 아무런 도움을 주지 못할 때가 많다. 작품 해설을 통해 도움을 주고자 하지만 작품 자체가 표현하고 있는 것과 작품 해설이 전혀 맞지 않을 때도 많다.

시(詩)를 먼저 보고서 그 시에 맞는 작곡을 하는 경우, 음악만으로도 그 시의 내용과 같은 메시지를 감상할 수 있게 한다. 그런데 만일 시 자체가 기교적이면서 내용의 전달이 없는 것이라면 물론 음악의 가사가 될 수도 없다. 시 언어의 표현력 또한 일상언어이면서도 특이하기 때문에 다른 예술언어처럼 기교적 표현에만 멈출 수 있다는 것이다. 따라서 기교적인 시 역시 독자들에게 언어적 부담을 주는 잘못된 방법의 표현언어라는 것이다.

예술의 영역 중에서도 연극은 언어적 부담의 문제를 제기하지 않는다. 희곡은 문학작품이기 때문이다. 시나리오가 있는 영상작품도 문제가 되지 않는다. 오페라도 문제가 되지 않는다. 예술언어가 문학적 내용, 문학적 메시지를 전하고자 할 때는 언어적 부담이 문제가 되지 않는다는 것이다.

작곡을 할 수 없어서 작사를 하고, 시를 쓸 수 없어서 산문으로 쓴다고 한다. 그러나 표현 방식과 함께 표현 내용을 고려한다면, 산문으로 쓸 수 있는 내용을 시로 쓰고, 시로 쓴 내용을 가사로 작곡을 한다고 해야 할 것이다. 문학적 진실을 추구하는 문학작품의 내용과 메시지는 다른 모든 예술언어적 표현의 내용과 메시지를 위한 기본이 될 수 있음을 말해 준다.

5. 철학이 침묵하게 된 것은 철학자들의 선택이 아니다. 철학자들은 여전히 강의를 하고 대화를 하고자 하지만 들어줄 사람들이 없다는 것이다. 또 다른 의미의 언어적 부담 때문이다. 철학자들의 말은 공허하다고

한다. 뜬구름 잡는 소리라고 한다. 일상언어를 쓰지만 알아들을 수 없는 철학자들의 말이라는 것이다. 철학자들은 의미가 심오하기 때문이라고 하지만, 심오하기 때문에 철학자의 말이 어렵다고 생각하는 사람들은 별로 없다. 의미를 파악하기 어렵도록 하는 언어적 부담의 문제라고 생각한다는 것이다.

철학이 언어적 부담을 주는 까닭은 무엇인가? 철학은 영원한 진리를 말해야 하는 것이며, 그것은 엄밀한 철학으로 가능한 것이라는 믿음 때문이다. 엄밀한 철학은 철저한 철학의 논리를 조건으로 하는 것이며, 그것이 바로 철학의 연역논리라는 믿음이다. 철학은 그런 연역논리로 진리의 집을 지어 가는 것이라고 생각하게 한다. 논리적 구조로 완성되는 철학의 집을 말하는 것이다. 그렇게 만들어진 철학의 집은 그 자체로서 하나의 모형적 세계가 되는 것이다. 물론 전체 세계를 모형화한 것으로 믿고 세상에 보여 주고자 하는 것이 철학자의 뜻이다. 하지만 그런 연역논리적 모형의 세계가 현실세계를 충실하게 모형화한 것이 될 수는 없다. 물론 더 훌륭한 모형이 가능하고, 덜 훌륭한 모형도 가능하다. 문제는 어떤 철학적 모형이든 지극히 제한된 것일 수밖에 없는데, 그것을 만든 철학자는 그 모형의 세계를 통해서 넓은 바깥세상을 보게 된다는 것이다. 그가 사용하는 언어조차도 자신의 모형 세계 안에서만 통하는 의미로 제한해 버리게 된다는 것이다. 철학자의 언어가 관념화된다는 뜻이다. 자신이 만든 관념의 세계 안에서만 통하는 의미로 제한된다는 뜻이다.

엄밀성을 생명으로 여기는 철학자들은 연역논리에 집착할 수밖에 없다. 연역논리가 수학적 논리로 확장되면서 수학적 엄밀성을 철학적 엄밀성으로 확장시킬 수 있으리라 믿게 된 것이다. 과학의 언어라고 하는 수학의 논리가 철학의 논리와 일치할 수 있다는 희망은, 철학이 과학과도 연결될 수 있다는 기대를 갖게 했다. 철학이 과학주의의 유혹을 받게 된 이유이다.

하지만 과학의 한계는 수학의 한계에서 비롯된다. 수학의 논리가 연역논리로 제한되어 있다는 사실에서 비롯된다. 그런 연역논리의 수학으로 모형화하여 설명해 줄 수 있는 대상세계는 물리적 세계와 생명의 세계이며, 의식 세계의 일부분일 뿐이다. 인간의 문화세계를 말하는 지성세계, 정서세계 및 영성세계로 오면 과학이 미치지 못하는 종교와 예술과 문학의 세계가 있다. 연역논리가 통하지 않는 것은 아니지만 제한적으로만 적용되는 세계이다. 철학의 세계는 그런 문화의 세계이다. 과학의 대상세계는 과학에 맡겨 두면 되는 것이다. 그렇다면 철학은 연역논리 또는 수학적 논리의 한계를 받아들이면서 다른 비연역논리를 포함하는 논리적 엄밀성을 추구해야 한다.

철학은 종교적 진리를 이해하고자 해야 할 것이다. 예술언어로 철학을 표현할 수 있으면 좋겠지만, 철학은 예술언어의 논리를 이해하지 못하고 있다. 철학언어의 논리와 예술언어의 논리를 연결시킬 수 있을 때, 그때에는 철학도 예술언어로 표현할 수 있을 것이다. 지금으로서는 문학언어와 철학언어를 연관시켜 보는 방법이 가장 용이할 수 있다.

철학이 세상을 보는 방법은 철학적 음미의 방법이다. 철학자들이 만들어 놓은 모형의 세계에 갇혀 버리면 그 모형 바깥의 세상을 제대로 음미해 볼 수가 없다. 관념화된 철학은 철학적 음미의 방법을 미리 제한해 버린다는 것이다. 철학사에서 찾는 철학적 진리는 모두 그런 관념화를 가능하게 한다. 끊임없이 변화하고 있는 역사의 세계와 언제나 새롭게 창조되는 문화의 세계를 철학적으로 음미해 본다는 것은 그런 관념화로부터 자유로워져야 한다는 것이다. 그런 철학적 음미의 방법으로서 최선의 선택이 되는 것은 글을 쓰는 방법이다. 글로써 음미하는 방법이다. 문학에서 작품을 쓰는 방법이다. 문학이 문학적 진실을 발견하고 표현하는 방법이다. 철학이 문학으로 바뀌어야 한다는 뜻이 아니다. 철학자의 글이 문학작품으로 평가될 수도 있을 것이다. 중요한 것은 글쓰기로 철학적 음미를 하는 철학자가 문학적 진실을 추구하는 문학인처럼 자유로울 수 있어야 한다는 것이다. 연역논리의 제한을 받지 않으면서 현실세계를 음미할 수 있어야 한다는 것이다. 문학적 진실을 말하는 용기를 철학적 음미에서도 그대로 의식할 수 있어야 한다는 것이다. 관념의 세계로 도피하지 않는 철학자의 용기를 보여 주어야 한다는 것이다.

6. 역사는 왜곡이다. 승전국이 쓰는 역사와 패전국이 쓰는 역사가 다르다. 지배계층에서 보는 역사와 피지배계층에서 보는 역사가 다르다. 진보주의 역사관과 보수주의 역사관이 다르다. 유대교의 역사 해석과 이슬람교의 역사 해석이 다르다. 하지만 어떤 집단이 어떻게 역사를 보느냐에 상관없이 실제 일어난 역사적 사건, 역사적 사실 그 자체는 존재하지 않느

냐고 반문할 수 있다. 그러나 그것은 우리 인간과 무관한 역사를 말할 때만 그럴 수 있다. 우리 인간에게 의미 있는 역사, 우리 인간이 참여하는 역사는 인간과 무관한 객관적 역사가 될 수 없다.

역사는 과학이다라고 말함으로써 역사의 주관주의 문제를 피하고자 한다. 하지만 과학적으로 발견할 수 있고 검증할 수 있는 역사적 사실은 역사를 축소해서 말할 때만 유의미하다. 그런 역사적 사실을 말할 수 있게 하는 대상세계는 물리세계, 생명세계, 그리고 의식세계의 일부분이다. 인간의 의식세계인 지성세계, 정서세계 및 영성세계에서 역사적 사실이라고 할 수 있는 것은 과학적 검증의 대상이 될 수 없다. 역사적 사실이 아닌 단편적 사실의 검증에 대해서만 과학적 방법을 적용할 수 있으나, 그것도 제한적일 수밖에 없다. 지성세계의 역사, 정서세계의 역사, 영성세계의 역사는 법칙적 질서가 지배하는 역사가 아니기 때문이다. 그런 인간의 의식세계는 생명세계와 물리세계를 바탕으로 해서만 기능할 수 있으므로 법칙적 질서에 의존하는 부분이 있을 수밖에 없다. 하지만 지성, 정서, 영성을 의미하는 상위 차원의 현상을 물리적 현상과 생명적 현상으로 환원하여 설명할 수는 없다는 것이다. 환원 가능한 부분 현상만으로는 역사적 의미를 말할 수 없다는 것이다.

과학의 논리와 역사의 논리를 대비시켜 보면 문화세계의 역사가 과학이 될 수 없다는 사실이 더 분명해진다. 과학이 대상화할 수 있는 법칙적 질서의 세계는 수학의 연역논리로 모형화할 수 있다. 그러나 헤겔의 역사철학이 보여 준 역사의 세계는 우리 인간을 통하여, 우리 인간이 참여하는 역사를 말하는 것이며, 그런 참여를 가능하게 하는 것은 인간의 변증논리가 역사의 변증논리와 일치하기 때문이라는 것이다. 이러한 논리의 차이 때문에 역사는 과학이 아니라고 해야 한다. 과학의 논리가 연역논리로 제한된 수학이 아닌 변증논리와 그 밖에 다양한 비연역논리의 유형들을 수용하는 수학의 논리로 확장될 때, 그 때에 비로소 우리는 역사와 과학을 연결시키는 새로운 가능성을 말할 수 있을 것이다.

'역사적 진리'라는 말보다는 '역사적 진실'이라는 말이 더 자연스럽게 느껴지는 것은, 역사에서 '객관적 진리'를 말하기는 어렵지만, '주관적 진실'을 말하기는 훨씬 용이하기 때문일 것이다. 이러한 역사적 진실을 위해서 역사는 언제나 새롭게 쓰일 수 있는 것이다. 역사 왜곡의 문제를 학문적으로 해결하고자 하는 역사학적 탐구는 계속되어야 하는 것이다. 그런데 '역사적 진실'은 '문학적 진실'과 유관할 수밖에 없다는 것 또한 의식하지 않을 수 없다.

'역사소설'의 '역사'를 인류의 역사나 민족의 역사, 또는 미술의 역사나 문학의 역사 같은 거대 역사로만 생각하지 않고, 가문의 역사나 기업의 역사, 또는 한 개인의 생애 역사까지도 포함하는 넓은 개념으로 이해한다면, 모든 소설은 역사소설이라고 할 수 있다. 문제는 그런 역사소설이 역사에 얼마나 충실할 수 있느냐에 있다. 문학적 자유와 상상력이 역사를 왜곡할 수 있기 때문이다. 역사를 지나치게 왜곡하기 때문에 역사소설로 인정받지 못하는 역사소설도 있다. 그렇다면 역사소설의 조건은 무엇인가? 우선 문학작품으로서 문학적 진실성에 대한 평가를 받아야 할 것이다. 그리고 문학적 진실성에 대한 긍정적 평가를 받은 작품에 대해서는 역사적 진실성의 문제를 제기할 수 있을 것이다. 작품의 문학적 진실이 역사적 진실을 규명하고 확인해 가는 역사적 관심에 어떻게 도움을 줄 수 있는지도 평가해 볼 수 있을 것이다.

수채화 마을

서울에서 북쪽으로 한 시간 정도 자동차로 달려간 곳에 수채화 마을이 있다. 한 폭의 수채화처럼 아름다운 마을이라고 해서 붙여진 이름이다. 오래된 마을 뒤쪽에 있는 산 중턱에 새롭게 만들어진 마을이다. 마을이라고 하기에는 집들의 수가 너무 적지만 서로가 이웃이 되어 지내는 분위기가 마을이 되게 한다는 것이다.

수채화 마을의 맨 아래쪽 입구에는 어느 중소기업 사장의 집이 있다. 주황색 벽돌집으로, 저택이라고 할 수는 없으나 그 마을에서는 제일 큰 집이다. 모 공과대학 물리학과를 나온 사람으로 벤처기업에서 시작한 사업이 성공하여 탄탄한 중소기업의 사장이 되었다. 전기자동차의 배터리를 비롯하여 휴대폰 배터리에 이르기까지 온갖 종류의 배터리를 연구 개발하여 성공한 기업이다. 해외로 수출까지 하는 상품이 된 것이다.

사장 집에서 오른쪽 대각선으로 100여 미터 위에 자칭 철인의 집이 있다. 모 대학교의 철학과 교수였는데 철학전공학생이 없어지고 철학 강의도 점점 폐강되면서 실직을 하게 되었다. 철학 책 번역으로 생계를 꾸려나가게 되어 시골 마을로 옮겨 오게 되었다. 본래는 정치권력에도 관심이 있어서 플라톤의 '철인왕'을 실현해 보겠다는 꿈도 있었으나 세월이 따라와주지 않았다고 한탄하는 자칭 철인이다. 철학은 사회, 역사, 문화의 모든 현상에 대하여 비판자의 역할을 해야 한다는 뜻으로 자신의 집을 노란색으로 칠했다. 노란색 카드로 세상에 경고하는 철학이라는 뜻이다.

철학자의 집 위쪽으로 상당한 거리를 올라가서 큰 바위 뒤로 반쯤 숨어 있는 암자에는 스님이 정진하고 있다. 큰 절은 산 위로 한 시간은 걸어 올라가야만 하는 곳에 있는데, 스님은 세상과 가까운 곳에 암자를 지어 놓고 자주 바깥세상 출입을 하기 위해 그곳을 택한 것이다. 종교적 실천으로 세상일에도 참여하는 스님이다. 정치적 참여도 하고 온갖 사회봉사에도 참여한다. 행동하는 스님으로 이름이 나 있다. 대학에서는 교육학을 전공했기 때문에 교육문제를 위한 실천행동에는 빠지지 않는 스님이다.

스님의 암자 뒤로 왼쪽 대각선을 따라 100여 미터 올라가면 서울 모 신문사 기자의 집이 있다. 가장 나중 지은 집이면서 소박하게 지은 집이다. 스님의 암자는 초록색인데 기자는 집을 푸른 하늘색으로 선택했다. 하늘에 가장 가까운 집이라는 뜻도 있다. 대학에서는 국문학을 전공했고 신문사 문화부 기자로 있다. 현실에 민감하면서 잘 적응해야 할 기자이면서도 문학인의 꿈을 버리지 못한 낭만주의자이다. 수채화 마을을 찾아온 것도 그런 꿈에 맞는 공간이었기 때문이다. 기자의 집은 마을 입구의 사장 집에서 거의 직선으로 높이 올라가서 위치하고 있다는 사실은 기자의 낭만주의와 사장의 현실주의 간의 거리감을 말해 주는 듯하다.

기자의 집에서 아래쪽으로 오른편 대각선을 타고 내려오면, 역시 한 100여 미터 떨어진 곳에 미술가의 집이 있다. 연한 보라색으로 화려하게 장식한 집이다. 집에서 조금 떨어진 곳에는 화가의 작업실이 있다. 화려하지만 소박한 규모의 집에 비해서 작업실은 더 큰 규모의 공간이지만 겉으로 보기엔 소박하다. 작업실은 최근에 추가로 지어졌으며, 그의 작품들이 고가에 판매된다는 소문과 함께 경제적으로 여유를 즐기는 모습이 보이는 신진 화가이다. 가난했을 때는 자신의 작품을 이웃에게 잘 보여 주고 자랑도 했지만, 작품 판매가 잘 된다는 소문이 난 이후에는 작품을 잘 공개하지 않았다. 작품 내용에 대한 자문을 구한다면서 철학자와 스님에게 한두 번 작업실을 보여 준 것밖에 없었다.

화가의 작업실에서 아래쪽으로 내려오면 사장의 저택을 대각선으로 바라볼 수 있는 위치에 교사의 빨강 벽돌집이 있다. 산 아래 큰 마을에 있는 중학교의 역사 교사이다. 전교조 활동에도 적극 참여해 온 실천적 교사이다. 우리 역사를 바로 가르쳐야 한다는 소신과 열정이 있는 선생님이다. 시골 중학교로 밀려오게 된 것도 자신의 반체제, 반정부 활동 때문이라는 것을 알고 있지만 개의치 않는 스승이다. 온화한 성품에, 모든 일을 신중하게 처리하는 태도 때문에 실천을 하면서도 과격하게 행동하지는 못하는 교사이다. 당대에 이루어질 수 있는 결과가 아니라, 다음 세대, 또는 그 다음 세대에 이루어질 수 있는 변화를 위해 역사 강의를 한다는 이상주의자이다.

철인, 스님, 기자, 화가, 교사 그리고 사장으로 구성된 수채화 마을 이웃들은 사장 집 응접실을 카페처럼 드나들며 자주 모인다. 대화로 논쟁할 때도 있고, 감정적 싸움을 할 때도 있다. 색깔이 너무 다르다는 것이 문제가 될 수밖에 없는 집단사회이다. 그러나 세월이 가면서 서로를 이해하는 마음들이 깊어지고, 표현되는 언어도 부드러워지면서 그들의 대화 자체도 한 폭의 수채화를 그리는 것 같은 조화로움을 보이게 되었다. 결코 개성적인 색깔을 죽이지 않으면서도 조화로운 전체 그림을 만들어 내는 대화의 분위기가 익어 가고 있다는 것이다.

수채화 마을에서 있었던 최근 대화의 그림들이다.

월요일의 대화

모두 어제 일요일 오후에 있었던 화재가 궁금했다. 수채화 마을에는 그 시간 아무도 없었던 것으로 확인 되었다. 외부의 사람이 그 마을로 들어오는 일은 없다. 그런데 화가의 작업실에 불이 나서 완전 소실이 되어 버렸다. 아랫마을 사람들이 불길을 보고 올라왔을 때는 이미 손을 쓸 수 없는 상태였다.

화가 내외는 서울의 성당에 가고 없었다. 교사 내외는 전교조 시위에 참석하기 위해 서울의 대학로에 나가 있었다. 사장의 가족은 단풍철이라고 설악산을 다녀왔다. 철인의 부인은 일요일이면 친정을 가고, 철인은 혼자서 등산을 한다. 스님은 산 위의 큰 절에 가서 찾아오는 신도들을 도와준다. 기자의 가족은 아이의 교육을 위해 일요일이면 박물관이나 미술관을 찾아간다.

화재 현장에 소방관이 나타난 것은 늦은 오후였다. 완전히 타 버린 작업장인지라 화재의 원인을 찾기가 어렵다는 이야기를 했다. 동네에 사람이 아무도 없었다는 사실을 근거로 한다면, 전기 합선으로 추정할 수밖에 없다고 했다.

오래된 작업실도 아니고, 또 상당한 돈을 들여서 잘 지은 건축물인데, 전기 합선으로 불이 났을 리가 없다는 의견들이었다. 또한 작업실은 건축구조상으로도 단순하기 때문에 전기 배선에서도 합선의 가능성이 있을 수 없다고도 했다. 공사를 맡은 업체도 서울에서 왔었기 때문에 믿을 만한 기술자들이었을 것이라는 생각들이었다. 좀 작은 건설업체일지라도 우리나라 업체들이 지금은 대부분 믿을 만한 수준에 이르고 있다는 사장의 말에 전기 합선 사고의 가능성은 배제하기로 했다. 그렇다면 도대체 화재의 원인은 어디에 있다는 말인가? 화가 자신이 화재의 원인을 만들어 놓고 집을 나갔던 것은 아니었을까? 철인이 엉뚱한 의문을 제기했다. 물론 앞에 앉아 있는 화가에게 양해와 이해를 구한 후에 제기한 의문이었다. 너무나 어이없는 철인의 의문에 말이 막혀 버린 화가가 할 말을 잃고 머뭇거리자, 기자가 대신 답을 해 주었다. 화가에게는 그럴 이유가 없다는 것이다. 화재로 소실된 작품들의 값으로 말하자면 수십억 원이 될 수도 있다고 했으니까 화가 스스로 그 모든 것을 불태워 버렸다는 생각을 한다는 것은 그야말로 철학적 망상이라고 역습을 했다. 미안하다는 말 한마디로 반응하는 철학자는 담담했다. 그저 그런 생각을 해 봤을 뿐이었다고 덧붙였다. 교사는 철인이 화가에게 정중히 사과해야 한다고 강하게 말했다. 스님은 시종일관 침묵을 지켰다. 어떤 의견에 대해서든 모두 그럴 수 있다는 반응이었다. 세상에는 놀랄 일도, 불가능한 일도 없다는 것이 스님의 반응이었다.

화요일의 대화

화요일은 철인이 번역 원고를 출판사에 전하면서 출판사 사장과 저녁 회식을 하기로 한 날이었다. 철인이 참석하지 못한 수채화 마을의 대화모임은 철인을 방화범으로 의심하는 기자의 이야기로 시작되었다.

우선 기자가 그날 신문사에서 얻은 정보에 대한 보고와 확인으로 시작했다. 최근 우리나라 미술시장에는 유명 화가들의 작품을 모방한 가짜 작품들이 진짜로 둔갑해서 고액에 팔리고 있다는 정보였다. 몇 해 전 어느 현존 작가의 작품을 위조한 그림이 어느 큰 미술관에서 발견되어 문제가 된 적이 있었다. 너무 비싼 값으로 구입한 미술관 측은 원로 미술평론가들까지 동원해서 진품인 것을 입증하려고 했으나, 결국 화가 자신이 자기 작품이 아닌 것을 확인해 줌으로써 문제가 해결된 일이 있었다. 그 이후 가짜 작품으로 미술시장에 나오는 것들은 모두 작고한 유명화가들의 것이 되었다고 한다. 기자가 조심스럽게 화가에게 물어본 것은 혹시 그런 위조

작품 제작과 관련되어 있었느냐는 것이었다. 화를 낼 것으로 예상했던 화가가 긍정적 반응을 보이면서 고백하는 말에 모두가 숙연해지면서 당황하지 않을 수 없었다. 기자는 정중하게 그런 사실을 들추어 낸 일에 대해 화가에게 사과를 했다. 그러면서 또 한 가지 사실에 대한 질문을 했다. 화가의 그런 작업에 대해 알고 있었던 사람이 우리들 중에 있었느냐는 것이었다. 스님과 철인이 알고 있었다는 것이 화가의 답이었다. 기자는 '그러면 그렇지' 하는 태도로 다음 이야기를 이끌어 갔다. 화가의 작업실은 방화로 소실되었으며, 그것은 철인의 소행이었다는 것이다. 철인의 윤리의식이 방화로 행동화되었으리라는 것이다. 선과 악의 구별이 분명하고, 악과의 싸움을 주장해 온 철인이었다. 그런 악이 수채화 마을에서 자행되고 있다는 사실을 철인은 허용할 수 없었으리라는 것이다. 화가에게 스스로 그런 가짜 작품들을 폐기하게 할 수도 있었으나 이미 너무 엄청난 돈이 개입된 것이어서 불가능하다는 판단을 했으리라는 것이다. 또한 혼자서 등산을 하는 철인이므로 시간 조정을 했을 수 있다는 것이었다. 철인을 방화자로 몰아세우는 기자의 말은 자신만만했다. 그러나 교사가 이의를 제기했다. 철인은 그런 행동을 할 수 있는 사람이 아니라는 것이다. 한 번도 현실참여의 실천에 참여한 적이 없는 그야말로 관념론자라는 것이다. 철인이 말하는 악과의 싸움은 이론적인 것이고 공론적인 것에 지나지 않는다는 지적이었다. 사장도 교사의 의견에 동조했다. 화가도 철인을 의심할 수는 없다고 했다. 스님은 여전히 부동의 자세였다. 그럴 수도 있고, 아닐 수도 있다는 표정이었다.

수요일의 대화

어제의 대화 내용을 전혀 모르고 있는 철인에게 교사가 확인을 했다. 지난 일요일에 등산을 몇 시에 나갔었는지 물었다. 언제나 그랬듯이 점심 식사 후 곧 떠났다고 했다. 거짓말을 못하는 철인임을 알았기 때문에 기자가 어제 대화에 있었던 일을 말해 주고 철인에게 사과했다. 기자의 의심이 그럴듯하다는 평가를 해 주면서 철인은 담담하게 기자의 사과를 받아들인다고 했다. 오히려 화를 낸 것은 교사였다. 기자에게 교사가 공격했다. 차라리 소설을 쓰라고 공격했다. 기사와 소설을 혼동한다는 것이었다. 그렇지 않아도 추측기사가 너무 많은 우리나라 신문들인데 기자가 그런 추리 소설로 철인을 의심한 것은 용서할 수 없는 일이라는 것이었다. 기자가 용서를 빌었지만 언론에 대한 교사의 비판은 계속되었다. 우리의 언론은 우리 사회 모든 영역에서 개혁과 발전을 지지하려는 것인지, 아니면 권력과 재력의 시녀 노릇이나 하려는 것인지 의아할 뿐이라고 비판했다. 기자는 자신이 국문학과 출신이고 소설가가 되고자 한 꿈을 버리지 못한 탓으로 기사와 소설을 혼동한 것 같다면서 다시 용서를 구했다. 사장은 언론의 기업화를 지적하면서 비판했다. 정치권력의 힘과 재벌기업의 힘이 대립할 수 있는 지금의 체제에서는 어느 쪽이 언론을 장악하느냐가 중요한 전략 문제로 인식될 수밖에 없다는 것이다. 언론을 장악하지 못하는 정권은 재벌기업에 대해서도 정치적 영향력을 행사할 수 없다는 것이다. 화가는 예술계에 미치는 언론의 영향력을 더 심각한 문제로 제기했다. 유명한 작가를 만드는 것은 작품이 아니라 언론보도라는 것이다. '베스트셀러'의 목록에 오른 책은 좋은 책으로 인식된다는 것이다. 그러니까 베스트셀러의 목록에 오르게 하기 위한 방법은 사람들을 동원해서 그 책을 구입하도록 하는 것이라고 했다. 그림의 경우에는 터무니없이 비싼 값으로 그 그림을 구입하도록 하면 일약 우수화가가 된다는 것이다. 가짜 작품일지라도 진짜인 것처럼 비싼 값에 팔리면 감히 그것이 가짜일 것이라는 의심을 하지 않는다고 했다. 상품으로서의 가치가 작품으로서의 예술적 가치를 결정한다는 뜻인데, 우리의 언론은 작품의 가치를 평가하기보다는 상품으로서의 가치를 보도하는 데 급급하다는 것이다. 그런 상품적 가치로 미술시장을 지배하고 있는 사람들이 돈으로 기자들을 매수하고 있으리라는 것도 충분히 짐작된다고 했다. 기자는 할 말이 없다고 했다. 스님은 오늘의 우리 언론이 인간의 무명(無明)에 또 하나의 원인이 되고 있다는 사실이 안타깝다고 했다. 기자의 얄팍한 추리소설을 비웃는 듯했다. 철인은 우리 언론의 사대주의를 비판했다. 우리의 학문계가 사대주의를 벗어나고 있으므로 언론도 하루 속히 사대주의를 벗어나야 한다는 주장이었다. 언론의 사대주의는 외국 언론의 보도기사를 무조건 중요시하여 그대로 보도해 주는 것을 말한다. 그런 사대주의적 성향 때문에 우리의 작가들이 외국에서 전시회를 열고는 그곳의 한 언론사를 통해 우호적 평을 받도록 한다는 것이다. 외국 언론의 그 보도기사를 국내 언론에 소개하여 보도하게 하면 그 작가는 하루아침에 세계적인 작가가 된 것처럼 선전이 된다는 것이다. 외국에서는 그런 전시가 그곳 대부분의 언론에서는 무시되었다거나, 심지어는 비판적 보도가 있었다는 사실을 국내 언론들은 문제시할 수도 없고 관심도 없다는 것이다. 기자를 향한 철인의 언론 비판이었지만 기자는 여전히 아무런 반응을 하지 않는 것으로 철인에 대한 사과의 뜻을 지키고자 했다.

목요일의 대화

철인은 자신이 행동하는 실천에 참여하기를 주저한다는 교사의 지적을 생각해 보았다. 그것을 이유로 화가의 작업실 방화와는 무관하다는 판단을 해 준 교사가 고마웠다. 철학자는 마땅히 생각을 많이 하고 행동에는 신중해야 한다고 생각을 했다. 확신이 설 때만 행동을 해야 한다는 철학자에게 확실한 판단을 내리게 하는 일은 별로 없기 때문에 철학자는 행동가가 될 수 없다는 것이다. 그렇다면 플라톤이 말한 철인왕은 도대체 어떤 사람일까? 왕은 행동으로 실천해야 하는 사람이다. 철인은 행동을 가능한 한 피해야 하는 사람이다. 철인왕은 철인이기 때문에 왕이 될 수 없고, 왕이기 때문에 철인이 될 수 없는 모순된 두 사람을 한 사람으로 합쳐 놓은 것이 아닌가! 정치가의 꿈을 가졌던 자신이 그 꿈을 버리고 철인으로 남게 된 까닭을 알 수 있을 것 같았다. 철인의 꿈을 버리고 정치가가 되는 그런 가능성은 자신과 무관한 것이라고 생각했다. 행동에 소극적인 자신의 모습을 누구보다도 잘 알아본 교사와 대화를 해 보고 싶었다. 철인도 스승의 역할을 해야 한다면 교사와 다를 바 없는데, 자신은 교사가 되었을지라도 행동하지 않는 스승으로 남아 있었으리라 생각했다. 행동하는 교사들과는 반대 입장에 설 수밖에 없었으리라 판단했다. 교사들의 수업거부 행위가 옳지 않다는 생각이 들었다. 전교조만이라도 수업을 거부하는 파업에까지 행동화하지 않고 문제해결을 해야 한다는 생각이었다. 철인은 조심스럽게 이런 자신의 뜻을 교사에게 표현했다. 교사는 반응을 하지 않으려 했다. 철인의 말을 무시하는 듯했다. 어색한 분위기를 감지한 사장이 개입했다. 자신도 전교조의 파업은 반대한다는 것이었다. 마찬가지로 병원 의사나 간호사의 파업도 반대한다고 했다. 기자가 대화에 참여했다. 전교조의 파업은 불가피하다는 의견이었다. 병원의 의사, 간호사의 파업도 불가피하다는 것이었다. 대화로 문제를 해결할 수 있다는 생각은 현장의 문제를 잘 모르기 때문이라고 비판했다. 사장은 우리나라 기업이 성장해 가는 과정을 이야기하면서 이미 노사 문제를 대화로 해결해 가는 기업들이 나오기 시작했다고 말했다. 교육계나 의료계가 기업보다 그런 점에서 못하다는 생각은 할 수 없다는 주장이었다. 화가의 생각도 사장의 생각과 같았다. 지하철 파업도 불법화하여 노조가 그것을 받아들이게 해야 한다는 것이 화가의 생각이었다. 지하철 파업이 미칠 수 있는 손실을 계산하면 시민들의 불편 정도가 아니라 경제활동, 사회활동은 물론 각종 문화활동에까지 정상적 흐름을 막아 버리는, 다시 말하자면 숨통을 막아 버리는 것과 같은 피해를 준다는 것이었다. 교사는 사장과 화가의 문제의식이 의심스럽다는 듯이 고개를 저었다. 지금 정도의 변화가 일어날 수 있었던 까닭을 생각해 봐야 한다고 하면서, 정치적 민주화 투쟁의 역사를 상기시켰다. 침묵을 지켜 오던 스님이 행동파의 편을 들었다. 대화를 통한 해결을 추구해야 하지만, 그런 방법이 한계점에 이르렀다고 판단될 때는 행동으로 나아가야 한다는 주장이었다. 스님의 강한 주장에 모두가 놀랐다. 결국, 행동파 세 사람과 반행동파 세 사람의 진영이 나누어져서 더 이상의 대화가 불가능하게 되었다. 수도승으로서의 수행에 정진하면서도 거의 매일 산 아래 세상을 나갔다 와야 한다는 스님을 이해할 수 있을 것 같았다. 수채화 마을에 암자를 짓고 대화에 참여하기로 한 스님의 뜻도 이해할 수 있을 것 같았다. 행동으로 실천할 수 있다는 스님이 세상에 나가서는 무슨 일들을 하는지 모두 궁금해졌다.

금요일의 대화

스님은 대학에서 교육학 전공 학생이었다. 3학년 때 대학 재단의 비리를 규탄하는 학생시위를 주동했다가 정학 처분을 받았다. 교수들의 지원도 받지 못했고, 다수 학생들의 호응도 얻지 못했기 때문이었다. 대학 교육에 환멸을 느끼고 다른 길을 택하기로 했다. 마음을 진정시키고자 찾아간 사찰에서 자신의 마음을 그대로 이해해 주는 스님을 만났다. 그 스님과 같은 마음으로 세상을 볼 수 있어야겠다는 생각이 들었다. 집으로 돌아와서 부모님의 허락을 받고 출가의 길에 나섰던 것이다. 그런데 그런 이유로 출가한 스님이라면 속세를 완전히 등지고 구도의 길에만 몰입할 법도 한데, 여전히 현실참여에 마음을 두고 있다는 것이 사장에게는 이상했다. 실천하는 행동을 위해 속세로 내려오는 일이 수행의 길을 방해하지 않느냐고 물어보았다. 스님의 대답은 단호했다. 출가승에 대한 관념과 오해 때문에 그런 질문을 한다는 것이었다. 그러나 실천적 행동에는 분명 파괴적인 부분이 개입될 수 있는데 수도승이 그런 행동대열에 참여해도 좋으냐는 질문이 이어졌다. 화가는 예술에서처럼 종교에서도 폭력은 허용되지 않아야 한다는 주장을 강하게 말했다. 기자는 반대 의견이었다. 폭력을 배제하면 문학작품이 될 수 없다고 했다. 현실세계를 그려 주면서 가상의 세계 또는 상상의 세계를 만들어 내야 하는 문학작품에는 폭력이 배제될 수 없다는 주장이었다. 그러나 철인은 현실과 이상을 문학에서는 엄격히 구별하고 시작해야 한다는 주장을 내세웠다. 현실의 폭력을 그대로 인정하자는 것이 아니라 그런 폭력이 약화되고 제거되는 이상사회를 그리자는 것이 문학의 이상주의라는 주장이었다. 교사가 침묵을 깨고 개입했다. 교육현장에서는 마땅히 폭력이 없어져야 한다는 것이다. 스승의 폭력도 없어져야 하고, 학생들 간의 폭력도 없어져야 한다는 것이다. 하지만 교육현장에서의 폭력을 철저하게 근절시킨다고 하면, 그것은 학생들이 학교를 떠나서 만나게 될 현실과는 너무 다른, 현실 착각으로 작용할 수 있다는 것이다. 학생들에게 현실대처능력을 길러 주는 교육이 될 수 없다는 것이다. 현실과 맞는 조건을 의미하는 자연스러운 현실에는 폭력으로 인한 사고가 일어날 수 있어야 한다는 것이다. 교육현장에서도 악역을 담당하게 되는 학생들과 스승들이 있어야 한다는 것이다. 교사의 그런 주장에 철인은 몹시 혼란스러워하는 표정이었다. 교육현장을 '상아탑'이라고 하는 까닭이 무엇일까 궁금했다. 요즈음의 가상공간은 사실상 그런 상아탑을 허용하지 않는다. 가상공간의 폭력이 침투해 들어갈 수 없는 예외적 공간이란 있을 수 없다는 것이다. 하지만 그것은 현실일 뿐이다. 그렇게 되고 있다는 현실일 뿐이다. 그렇게 되어야 한다거나, 그렇게 되어도 좋다는 것을 말하는 것은 아니다. 선과 악의 대결은 여전히 우리 인간에게 선택의 가능성을 부여해 준다는 것이다. 그런 선택을 위한 판단력이 문제시될 뿐이라는 것이다. 철인의 입장에서는 그런 판단에 대한 확신이 서지 않으면 행동을 자제해야 한다는 것이었다. 그런데 그런 점에서 철학과 다를 바 없다고 생각했던 종교의 길에서, 수도승의 입장에서 실천적 행동을 당연시하는 스님을 철인은 이해할 수가 없었다. 자신의 실천 행동에 대한 판단을 어떻게 확신하느냐고 스님에게 물었다. 스님의 대답은 간단했다. 사람이 하는 일이라고 어찌 사람이 그 이유를 모두 알 수 있겠느냐라는 것이었다. 수도승이 되면, 깨달음의 경지에 이르면 판단력이 더 좋아지게 된다는 말도 덧붙이지 않았다. 스님의 대답은 오히려, 누구든 자기 행동에 대하여 철저하게, 완전히 책임져야 한다는 마음으로부터 자유롭게 될 수 있어야 한다는 선언과도 같았다. 철인으로서는 도저히 소화해 낼 수 없는 스님의 말이었다.

토요일의 대화

사장이 화가의 작업실을 다시 지어 주겠다고 제안했다. 모두 환영과 감사의 박수를 보냈다. 아름다운 특종 기사가 되겠다고 기자가 말했다. 작업실을 다시 짓게 되면 화재 이야기는 이제 역사가 되어 버린다고 했다. 화재의 원인을 밝히지 못한 미해결의 사건이 역사가 되어 버린다는 것이었다. 역사에는 그처럼 원인을 확인하지 못한 사건들이 있을 수밖에 없는데, 그런 사건에 대해서는 역사소설을 씀으로써 역사이해를 돕게 된다는 것이다. 미해결의 부분을 소설로 완성시켜 줌으로써 가상적으로나마 해결이 되게 한다는 것이었다. 교사가 제동을 걸고 나왔다. 역사소설을 쓰는 것은 작가의 자유라고 하지만, 역사를 왜곡하지 않도록 해야 한다는 주장이었다. 역사를 너무 쉽게 단정해 버리는 것은 옳지 않다는 것이다. 역사는 시대와 시대를 이어 가는 것이므로 한 시대의 역사가 다음 시대의 역사와 연관되면서 새롭게 정리되고 완성될 수도 있다는 것이다. 은폐되었던 사실이 새롭게 드러날 수도 있고 발견될 수도 있으므로, 역사는 역사로서 탐구되고 보완되어 다시 쓰일 수 있어야 한다는 것이다. 역사소설은 그런 역사에 충실하면서 문학적 상상력으로 이야기를 만들어 가야 한다는 주장이었다. 역사적 사실과 역사소설 이야기가 나왔으니 역사철학을 말하지 않을 수 없다고 철인이 참여했다. 어떤 역사적 사건이든 그것이 역사적으로 중요하다는 것은 그 사건의 의미가 문제시된다는 것을 함축한다는 것이다. 역사의 의미를 묻고, 그 해답을 구하기 위해 역사를 해석해야 하며, 그런 작업을 통해서 하나의 관점을 세울 수 있으면 역사관이 된다는 것이다. 이번 화재사건도 수채화 마을의 역사가 되었으니 그 사건에 대한 해석과 그것의 의미를 이해하고자 하는 시도도 함께 남겨야 한다는 주장이었다. 침묵을 지켜온 스님이 한마디 붙였다. 이번 사건의 의미로 말하자면 화가가 다시 자신의 예술로 돌아가게 하자는 것이 아니었겠느냐는 단언이었다. 모두 화가의 반응을 기다리는 표정이었다. 화가의 말문이 열리지 않을 수 없는 분위기였다. 참회와 고백 같은 화가의 말이 쏟아져 나왔다. 가짜 그림을 그리기 시작하면서부터 심한 갈등과 양심의 가책에 시달려야 했다는 이야기였다. 일요일마다 성당에 가서는 참회의 기도를 하고 다시는 그런 짓을 하지 않겠노라고 다짐했지만, 월요일이 지나고 화요일이 지나면 유혹의 붓을 다시 잡게 되었다는 것이다. 화재가 나서 작업실이 없어졌을 때는 차라리 잘된 일이라고도 생각했지만, 다시는 그런 일을 하지 않을 수 있으리라는 자신감이 생기지는 않았다고 했다. 화재의 원인에 대한 생각과 타 버린 위조 작품들의 경제적 가치에 대한 생각 때문에 잠을 이룰 수 없었노라고 했다. 결국 그 전날 성당으로 찾아가 신부님을 만났으며 자초지종의 모든 이야기를 해 드렸다는 것이었다. 신부님은 화가의 영혼이 자유롭게 살아 있어야 한다는 것을 가장 중요시 여겼으며, 화재사건을 영혼을 살리기 위한 사건으로 받아들일 것을 우선 강조하셨다는 것이다. 불로써 모든 것을 태워 버린 것은 자신이 양심의 가책을 느꼈다고 한 그 일의 흔적을 모두 없애 버려야 한다는 뜻이었으니까 이제 다시 본연의 예술로 돌아가라고 제안해 주셨다는 것이다. 하지만 화가는 화재의 원인이 전기 합선이 아닌 것은 분명한 것 같은데, 그렇다면 누군가가 방화를 했다는 생각을 하지 않을 수 없으며, 그것이 누구였는지, 왜, 무슨 이유로 방화를 했는지 궁금한 마음을 지울 수가 없다고 했다는 것이다. 그러자 신부님이 그런 마음을 이해할 수는 있지만, 그런 마음으로부터도 자유로울 수 있어야 다시 창작을 하는 작업에 몰두할 수 있으리라고 충고해 주셨다고 했다. 그러면서, 마음의 자유를 위해 신부님이 한마디 덧붙여 주셨다고 했다. 사람이 하는 일이라고 어찌 사람이 그 이유를 모두 알 수 있겠느냐라고 하셨다는 것이다. 신부님이 하셨다는 그 말을 듣는 순간 모든 사람의 시선이 스님에게로 집중되었다. 스님은 빙그레 미소만 짓고 있었다.

4부
논리와 철학

논리적 가능세계

인생이라는 경기장에서 승리하기 위해서는 가능한 세계에 대한 생각을 더 풍부하게 더 자유롭게 할 수 있어야 한다. 남과의 경쟁에서 이기는 일이 아니고, 자기 자신의 문제를 해결하는 데도 여러 가지 가능한 세계를 더 많이 생각할 수 있다는 것이 중요하다. 문제해결에 유리할 수 있다.

가능세계에 대한 생각을 다양화하려면 가능세계에 적용되는 논리에 따라서 일단 그 종류를 구별하는 것이 필요하다. 우리의 현실세계가 실재하는 바와 다르게 존재했을 수도 있고, 지금의 세계도 다른 상태로, 다른 양식으로 존재할 수 있으며, 미래적인 가능세계도 다양할 수 있다는 것은 우리의 세계를 결정짓는 조건들이 다르게 될 수 있다는 것과 그런 조건들이 작용하여 만들어 내는 구조와 기능이 다를 수 있다는 뜻이다. 현실세계를 존재하게 하는 논리가 다를 수 있다는 말로 표현할 수도 있다. 논리가 다를 수 있으므로 논리적 가능세계가 되는 것이며, 그런 다양한 논리적 가능세계들 중에서 하나의 특정세계가 선택되어 현실세계가 된다는 것이다.

우리의 세계 자체가 논리적으로 다양한 가능성을 보이고 있기 때문에 우리의 생각이 그런 가능세계를 논리적으로 재구성해 볼 수 있다. 다양한 가능성의 세계를 재구성해 보면서 현실적으로 어느 논리의 세계가 실현 가능한 것인지를 파악해야 한다는 것이다. 이처럼 논리적으로 가능한 세계를 생각할 수 있는 힘은 현실세계를 더 가까이, 더 정확하게 이해할 수 있게 하는 힘이 되는 것이다.

먼저, 연역논리는 우리로 하여금 어떤 구조의 세계인가를 이해하게 해준다. 연역논리적 조직, 체제, 체계 및 구조의 가능성을 다양하게 생각하면서 실재세계의 구조를 파악하고, 연역논리적으로 예측해 보고, 설명해 보고, 이해해 볼 수 있다. 낯선 세계를 접하게 되었을 때 이러한 구조적 파악을 먼저 하면서 적절하게 적응하는 것이 필요하고 중요하다. 크고 작은 것에 상관없이 우리의 세계는 모두 구조적으로 존재한다. 연역논리적 설명과 예측을 가능하게 하는 구조를 지니고 있다.

또한 우리의 현실세계는 통계적으로 존재한다. 통계적 가능성을 보여준다. 통계적 보편성을 드러내는 현상은 쉽게 확인되기 때문에 귀납논리적 일반화를 가능하게 한다. 너무 성급한 일반화를 함으로써 문제가 될 수도 있지만, 일반화될 수 있을 만큼 보편적인 현상의 세계를 파악하는 데는 문제가 없다.

귀납논리적 가능세계를 파악하는 데 중요한 것은 숨은 연결 관계를 찾는 데 있다. 현상적으로는 개별 사건으로 드문드문 일어나는 것 같은데 사실은 서로 연결된 관계의 어떤 원인 때문에 일어나는 사건들일 수 있다는 것이다. 자연현상에도 그런 확률적-귀납적, 또는 분포적-귀납적 사건들이 있다. 우리 인간사에서는 숨은 연결 관계가 의도적일 수 있기 때문에 귀납논리적 발견이 필요하다. 의도적일 수 있다는 가능성을 찾아내고, 적절한 설명을 한 후 이해를 할 수 있다는 것이다.

귀납논리적 가능세계의 또 한 가지는 귀납적 합의의 가능성을 모색하는 것이다. 각자가 독립적으로 생각하지만, 서로에게 영향을 주고받는 관계를 전제하면서 점차적으로 서로의 생각들이 통일되어 가는 변화를 가정해 볼 수 있다는 것이다. '민주적 합의'가 이루어지는 과정이라고 할 수 있다. 권위의 지배를 받는 것도 아니고, 여론의 지배를 받는 것도 아니다. 자연스러운, 자발적인 생각들의 동화를 의미하는 것이다. 물론 한 가지 생각으로 합의되지 않을 수도 있다. 몇 가지 생각들로만 부분 부분 합의될 수도 있다. 그런 가능성을 귀납논리적으로 생각해 본다는 것이 중요하다는 뜻이다. 무엇이 가능할 것이며, 무엇이 불가능할 것인지를 귀납논리적으로 판단하여 예측해 본다는 것이 중요하다.

우리가 사는 세상에는 구조가 서로 비슷한 것들이 있다. 기능이 서로 비슷하고, 형태가 서로 비슷한 것들도 있다. 성질이나 속성이 서로 비슷한 것들도 있다. 서로 비슷하기 때문에 비슷하게 가능한 세계를 만들어 내리라는 예측을 할 수 있다.

하지만 비슷하다는 것은 서로 다른 측면을 남겨 두고 있다는 뜻이므로 유비논리적으로 비슷한 가능세계를 생각해 볼 때는 서로 비슷하지 않은 면, 즉 역유비 관계로 인한 다른 세계의 가능성도 고려해야 한다.

가령, 기능이 형태를 결정한다는 건축의 세계, 또는 조형 예술의 세계에서는 비슷한 기능이므로 비슷한 형태의 조형이 가능하리라고 생각할 수 있다. 그런데 정작 조형물이 만들어진 후에는 그 기능과 형태가 맞지 않아서 문제가 되는 때가 많다.

음악에서의 곡조와 가사는 각각 다른 언어이지만 작곡에 붙여진 작사는 한 가지 통합된 기능을 하면서 또한 서로 다른 언어적 표현의 기능을 하게 되어 있다. 따라서 그 한 가지 기능을 함께해야 하는 곡조와 가사가 맞지 않을 때는 문제가 된다. 유비논리적 정합관계가 이루어지지 않음으로써 일어나는 문제가 된다.

유비논리적 가능세계는 우리가 흔히 생각하여 쉽게 적용하는 예들이다. 하지만 유비관계가 맞을 때와 맞지 않을 때의 의미는 전혀 다르다. 비유가 적절하여 설명과 이해가 잘되는 경우가 있는가 하면, 비유가 적절하지 못하여 오해가 되고 강요가 되는 경우가 있다.

유비논리적 가능세계를 적절하게 잘 생각해 내게 되면, 필요에 따라서 기능을 대체시킬 수 있고, 대리 역할을 하게 할 수 있으며, 대역을 맡길 수 있고, 대행하게 할 수 있으므로 일의 처리가 여유로울 수 있다. 모든 일에 더욱 유연할 수 있으며, 능한 사람이 될 수 있다.

변증논리적 가능세계는 역사적 가능세계이다. 역사적으로 성장할 수 있고, 진화할 수 있고, 발전할 수 있는 세계로서의 가능세계이다. 역사적 변화가 모두 변증논리로 설명되는 것은 아니다. 그러나 변증논리를 역사의 논리라고 하는 이유는 역사적 성장이나 발전에는 갈등과 대립의 관계를 필요로 하는 경우가 많기 때문이다.

생명체들 간의 갈등과 대립이 성장과 진화를 가능하게 할 수 있다. 조직체들 간의 대립과 갈등도 역사적 성장과 발전을 가능하게 할 수 있다. 이념과 이념의 갈등도 그렇고, 믿음과 믿음의 갈등도 그렇다. 문화와 문화가 만나서 갈등과 마찰을 일으키면서 역사적으로 발전하는 것도 변증논리적 가능세계를 보여 주는 것이다.

변증논리적 가능세계를 생각하게 하는 대상세계는 서로 갈등할 수 있는 유기체이거나 집합체이다. 대립과 갈등의 관계가 지양적으로 종합되는 새로운 세계로 발전하게 된다는 것은 두 개의 집합체들 간에 상대적인 변화가 점진적으로 일어나게 된다는 것이다. 서로가 조화를 이룰 수 있는, 서로를 이해할 수 있고, 동질화되어 가는 교집합의 부분이 확대되어 가는 과정을 말한다.

그런데 변증논리적 가능세계를 지양적으로 종합되는 역사적 발전만으로 보게 되면 역사적 변화의 한쪽만 이야기하는 것이 된다. 역사적 발전을 의미하는 변증논리적 변화에는 하나의 집합체가 나누어져서 대립과 갈등을 일으키는 두 개의 집합체를 형성하는 과정이 전제되어 있다. 그런 분화의 과정도 역사적 발전의 단계로 봐야 한다는 것이다. 물론 파괴적이고 소모적인 분화와 분리현상도 있다. 역사의 발전이 아닌 퇴보를 의미하는 분열현상도 있다. 그러나 갈등과 대립관계에 있으면서도 공존할 수 있는 집합체들로 남았으면서 변증논리적 가능세계로 종합되어 지양하게 하는 관계는, 변증논리적 가능세계의 전제조건으로 생각할 수 있다. 역사적 발전을 뜻하는 가능세계의 한 부분으로, 한 단계로 생각할 수 있다. 지양적 종합을 위한 분리적 갈등을 생각해 보는 것은 변증논리적 가능세계로서의 역사적 발전을 모색하는 일이 될 수 있다는 것이다.

귀추논리적 가능세계는 우리의 세계를 전체적으로, 포괄적으로 어떻게 볼 것인가를 말해 준다. 어떻게 상징화해서 볼 것인가? 어떻게 추상화해서 볼 것인가? 어떻게 개념화하여 볼 것인가? 어떻게 이상화하여 볼 것인가?

우리의 세계를 포괄적으로, 전체적으로 보게 하는 다양한 관점들이 종교를 통하여, 철학을 통하여, 이념을 통하여, 윤리를 통하여, 문학을 통하여, 예술을 통하여 우리에게 전해지고, 강요되고 있다. 귀추논리적 가능세계를 생각해 보게 한다는 것은 그런 모든 관점들을 논리적으로 비판해 보고 비교해 보면서 언제나 새로운 가능세계로 우리의 마음을 열어 두게 한다는 것이다. 귀추논리적 가능세계를 자유롭게 생각해 볼 수 있다는 것은 그것만으로도 우리의 생각을 넓혀 주고 유연하게 해 준다. 내일 이 세상의 종말이 온다고 할지라도 오늘 한그루의 사과나무를 심겠노라고 한 스피노자처럼 여유 있는 생각을 할 수 있으며, 이 세상의 종말에 대해서도 또 하나의 새로운 가능세계로 이어질 수 있는 전체 우주의 역사를 생각해 볼 수 있을 것이다. 역사가 끝나는 종말은 우리의 역사 세계를 제한하여 생각할 때 그럴 수 있다는 것이다. 어떤 단위 세계의 역사든 시작이 있고 끝이 있게 되어 있다. 가문의 역사도 그렇고, 종족의 역사도 그렇다. 인류의 역사도 그럴 것이고, 지구 생태계의 역사도 그럴 것이다. 하지만 우리는 언제나 우리의 관심 세계를 더 크게 넓혀서 생각해 볼 수 있다. 귀추논리적 가능세계는 대상세계의 범위를 제한하지 않을 수 있다는 뜻이다. 필요에 따라서 관심에 따라서 대상세계를 제한하기도 하지만, 언제나 더 넓은 세상으로 확대할 수 있게 한다는 뜻이다.

실천논리적 가능세계는 우리 인간의 기술이 가능하게 하는 세계이다. 전략적으로 가능한 세계이다. 목적을 위한 수단이 가능하게 하는 세계이며, 방편적으로 만들어 내는 가능세계이다. 문명의 역사는 이런 실천논리적 가능세계를 끊임없이 개발해 가는 과정이라고 할 수 있다. 과학기술의 힘이 약속해 주는 가능세계이다.

기술의 논리, 전략의 논리, 수단의 논리, 방편의 논리라고 할 실천논리가 중요시되리라는 것은 당연하므로 실천논리적 가능세계를 생각해 보는 문제도 새롭게 강조되어야 할 필요가 없다. 누구에게나 가장 익숙한 논리적 선택이라고 할 수 있다. 그런데도 실천논리적 가능세계의 선택은 여러 가지 문제를 제기한다.

우선 과학기술이 가능하게 해 주는 우리의 세계가 과연 바람직한 것인가를 문제시할 수 있다. 기술적으로 가능한 세계는 무엇이든 실재적으로 바람직한 것일 수 있느냐는 것이다. 기술은 목적을 위한 수단일 뿐인데, 기술의 개발 그 자체가 목적이 되어 버리는 결과도 가능하기 때문이다. 수단과 목적의 전도를 말하는 문제이다. 방편이라고 만들어 놓은 것이 목적으로 착각하게 할 수도 있다. 방편과 목적의 혼동이 가능하다는 것이다.

어떤 일에서든 전략의 선택이 중요하다는 것은 누구나 인식하고 있다. 하지만 실재적인 문제 상황에서는 전략의 선택이 잘못되어 경쟁에서 패하는 경우가 허다하다. 같은 전략을 반복하는 타성 때문일 수도 있고, 전략적 가능성을 충분히 고려하지 않은 대처방법 때문일 수도 있다. 목적에 대한 집착이 너무 강하기 때문에 전략적 선택의 중요성을 간과한 것이 패배의 원인일 수도 있다.

기술과 전략에서 이겨야 하기 때문에, 수단과 방편이 목적달성을 결정하기 때문에 실천논리적 가능세계는 우리의 생각을 지배하는 가장 현실적인 문제가 된다. 가장 구체적인 선택의 문제가 된다. 그러나 현실적으로 우리의 생각을 지배하는 실천논리가 이상적인 가능세계의 문제에까지 확장되어 적용될 수 있을 것인가? 가령, 기술적 가능세계를 선택하면서 목적달성이나 경쟁에서 이기기 위한 수단으로만 생각하지 않고, 승리를 쟁취하는 방법이나 목적을 달성하는 방법이 아름다웠다고 할 수 있는 데까지 생각해 볼 수 있느냐는 것이다.

그렇다면 전략이 좋아서 문제를 극복하고 경쟁에서 승리하면서도 그 전략이 아름다웠다는 평가를 받게 할 수 있다. 이것은 기술이 예술이 되고, 전략이 예술이 되는 가능세계의 선택을 말한다. 기술축구로 승리할 수도 있지만, 예술축구로 승리했다는 평을 받게 된다면 더욱 바람직한 선택이 된다는 것이다.

가능세계의 선택이 문제해결의 기능 외에 아름다움을 수반하게 하는 것은 다른 모든 논리의 적용에서도 가능하다.

귀추논리적으로 상징화되고 추상화되는 가능세계도 아름다움을 더할 수 있다. 아름다움을 수반하는 상징화와 추상화로 선택할 수 있다.

변증논리적 지양으로 나아가는 발전의 과정도 아름다움을 수반할 수 있다. 갈등과 대립의 관계가 지양적으로 종합되는 과정이 아름다운 절차와 단계로 진행될 수 있다는 것이다. 마찬가지로, 변증법적 분리의 결과로 새로운 대립과 갈등의 관계가 형성되지만, 그 분리의 과정은 아름다웠다는 평가를 받게 할 수 있다는 것이다.

유비논리적 가능세계는 정합적 관계를 기본으로 하기 때문에 아름다운 정합을 수반하게 할 수 있다. 아름답기 때문에 바람직한 정합관계라고 판단할 수도 있다. 아름다움을 기준으로 하는 유비논리적 가능세계의 선택이 가능하리라는 것이다.

귀납논리적 가능세계의 선택도 아름다움이 수반되게 하면서, 그 아름다움이 선택의 기준으로 작용하게 할 수 있다. 숨어 있는 연결 관계를 찾음으로써 아름다운 인간의 모습을 본다든지, 아름다운 변화의 과정을 보게 된다면 더욱 바람직한 결과가 될 것이다. 민주적 합의에 이르게 하는 것도 아무리 어려운 과정과 절차를 겪었다고 하더라도 그 결과는 아름다울 수 있는 것이다. 귀납논리적 가능세계도 아름다움을 수반하는 세계로 선택할 수 있다.

연역논리적 가능세계는 구조와 조직, 체제와 체계로서의 가능세계를 말하는 것이므로 역시 아름다움을 수반하게 할 수 있다. 조형적 아름다움을 기준으로 하여 선택할 수 있다. 구조나 형태는 기능을 따른다고 하면서도 결과적인 구조나 형태가 아름다워야 한다는 것을 기본적인 기능에 수반되는 가치로 선택할 수 있는 것이다.

논리의 선택은 문제해결을 위한 것이고 경쟁에서 이기기 위한 것이라고 했다. 논리적 가능세계를 다양한 논리의 적용으로 다양하게 생각해 보게 하는 이유이다. 그런데 아름다움으로 승리하는 자가 참으로 승리하는 자라는 생각은 논리의 선택과 논리적 가능세계의 선택을 의미 있게 하는 가장 중요한 기준이다.

유비추리

신문기자가 추측기사를 쓰는 것은 논리적으로 볼 때 유비논리적 추리를 적용하는 것이다. 충분한 근거자료를 얻지 못한 상황에서 기사를 써야하므로 다른 유사한 상황들을 생각하면서 유비논리적 추리를 하여 기사자료를 만든다는 것이다. 추측기사가 사실과 맞으면 다행이고 사실과 다르면 비난과 비판을 받게 된다. 유비논리의 가능성과 한계성을 말해 주는 것이다.

병원의 의사가 환자를 진단할 때도 유비추리를 적용하게 된다. 점술가가 운명을 점치는데도 유비추리가 적용될 수밖에 없다. 유형화를 바탕으로 한 판단이 될 수밖에 없다는 뜻이다. 혈액형으로 사람의 성격을 판단하려는 것도 그런 유형화의 방법, 즉 유비추리적 논리에 근거한 방법이다. 그런데 유비추리에 근거한 진단이나 점치기에는 언제나 그런 유형화에 맞지 않은 요인들을 간과해 버릴 수 있는 위험성이 숨어 있다. 환자가 너무 많기 때문에 쉽게 유형화하여 진단해 버릴 수 있다. 유명한 점술가이기 때문에 쉽게 유형화한 점치기에도 사람들이 따라올 수 있다. 권위주의가 유형화된 유비추리를 허용하게 한다는 뜻인데, 권위주의라는 것 자체가 또 다른 유형화의 결과일 뿐이라는 사실 또한 중요하다.

학교에서 스승이 제자들을 평가하는 것도 유형화를 통한 유비추리적 평가가 될 수밖에 없다. 학생들이 많기 때문에도 그렇고, 스승의 입장에서는 유형화가 관습화되어 버리기 때문에도 그렇다. 평가기준을 유형화 또는 등급화하게 한다는 것부터 그런 유비추리의 적용을 불가피하게 한다. 성적평가는 그렇다고 하더라도 학생 한 사람 한 사람의 개성적 평가는 유형화를 벗어날 수 있다. 너무 쉽게 유형화하지 않는 방법으로 개별화할 수 있다. 그런 스승들이 없는 것은 아니다. 하지만 쉽게 유형화하여 유비추리를 적용함으로써 사실상 학생들에게는 오류가 되는 잘못된 판단의 피해를 가져올 수 있다는 것이다. 유비추리로 너무 쉽게 학생들을 평가하지 않는 스승을 만나는 교육여건이 조성되어야 한다.

심리학의 이론이나 사회과학의 이론은 통계적으로 일반화한 것이 대부분이다. 과학에서의 법칙이 검증을 거쳐서 확립되는 것과는 다르다. 그런 법칙들을 근거로 하여 만들어지는 과학, 즉 자연과학에서의 이론 역시 끊임없이 그것이 함축하는 법칙들을 통하여 확인되어야 하기 때문에 심리학이나 사회과학에서의 이론과는 다르다. 따라서 심리학이나 사회과학에서의 이론은 그 자체가 통계적으로 유형화한 유비추리의 적용을 벗어날 수 없음을 전제하고 있다. 언제나 유비추리적 오류의 가능성을 배제하지 못한다는 뜻이다.

유비추리를 하면서도 연역논리적 추리에 근거한 확신인 것처럼 말하는 사람들을 온갖 사회현상적 담론에서 볼 수 있다. 정치나 행정에 관한 토론에서, 경제나 경영에 관한 대화에서, 또는 사법이나 입법에 관한 논쟁에서 유비추리적 오류를 범하는 예를 너무 자주 보게 된다. 유비적 관계만 보고, 역유비 또는 반유비적 관계의 측면은 못 보는 편견이 궤변을 하게 한다는 것이다. 유비추리에 문제가 있다는 것을 짐작이라도 할 때면, 그 다음에는 권위주의로 강요하는 또 다른 오류를 범한다는 것이다.

유비추리를 가장 유용하게 적용하고 있는 영역은 종교이다. 종교 경전들이 비유적 설명을 하는 내용을 많이 담고 있기 때문이다. 종교의 영역이라고 할 인간의 정신세계는 유비논리적 설명을 불가피하게 한다. 심리학이나 사회과학, 심지어는 자연과학이 그런 종교의 영역을 과학적으로 대상화할 수 있으리라고 생각하는 것은 착각이다. 유비논리적 설명을 과학적 방법의 논리로 적용할 수가 없다. 그렇다고 대상의 영역을 제한해 버리면, 정신세계를 모형화하여 죽여 버리는 오류를 범하게 된다.

종교에서의 유비추리를 받아들이면서 인간의 정신세계를 이해하고 설명할 수밖에 없다. 문제는 그런 유비추리가 잘못 이용됨으로써 온갖 종교적 편견과 독단의 원인이 되고 있다는 데 있다. 종교적 경전을 해석하고 이해하기 위해서 필요한 유비추리를 종교에서는 당연한 것으로 받아들이고 있다. 성직자들이 그런 유비추리적 해석을 하면 일반 신도들은 성직자들의 해석을 받아들이면서 그 권위를 인정하게 된다. 이처럼 유비추리를 자유롭게 적용할 수 있는 권위를 인정받은 성직자들은 유비추리적 오류에 빠지기 쉬운 권위주의자가 되지만 종교적 영역이라는 특수 상황이 그것을 문제시하지 못하게 한다.

종교가 인간에게 정신적 안정감을 주고 정신적 체험의 길을 열어 주는 것은 사실이지만, 근본적으로 유비추리에 근거하고 있는 종교적 진리이기 때문에 유비추리적 오류가 묵인됨으로써 사교를 가능하게 한다. 종교의 미신화를 가능하게 하고, 종교가 아편 중독과 같은 정신적 중독에 빠지게 할 수 있다는 것이다.

종교와 비교해 볼 때 문학과 예술은 유비추리를 적용하면서도 훨씬 더 건전하게 이해되고 제한적으로 받아들여진다. 문학과 예술에서의 창조능력은 기본적으로 유비추리를 바탕으로 한다는 사실이 중요하다. 유비추리적 모방으로 시작되는 학습 작업이라는 사실이 중요하다는 것이다. 그런 유비추리를 잘 할 수 있어야만 창조능력에서도 우수성을 보일 수 있다는 것이다. 문학과 예술에서는 도제 교육이 중요하다는 것도 유비추리의 중요성을 말해 준다. 스승의 창조작업을 가까이서 보고 체험하는 모방 수업이 필수적이라는 것이다. 창작에 기본이 되는 기술은 스승이 가르칠 수 있다. 하지만 스승의 창조작업을 그대로 가르칠 수는 없다. 스승의 창작 능력을 보면서 제자들은 각기 자신 속에서 특유의 창작 능력을 개발해야 하는 것이다. 이것은 스승보다 더 창조적인 제자가 나타날 수 있는 가능성을 말해 주기도 하는 관계이다.

이처럼 유비추리는 모방작업을 가능하게 한다. 학습의 단계에서 꼭 필요한 유비추리적 모방이다. 하지만 이런 유비추리는 반드시 유비관계의 한계를 드러내게 되어 있다. 역유비나 반유비적 관계를 보이게 한다는 것이다. 유비추리적 모방을 넘어서 새로운 것의 창조를 가능하게 해 준다는 것이다. 문학과 예술에서 끊임없이 새로운 창작이 일어나게 하는 논리적 가능성을 말한다.

그런데 문학과 예술에서도 권위주의가 들어오면 창조적 정신을 죽이게 된다. 특정 양식에 권위주의적으로 얽매이게 할 수 있다. 특정 장르를 벗어나지 못하도록 할 수 있다. 유비추리의 한계를 넘어서는 창조적 정신을 죽임으로써 모방작업을 반복하게 할 수 있다. 물론, 문학과 예술에서는 창조성의 평가가 중요시되어 살아 있으므로 언제라도 모방의 분위기를 넘어서는 창작이 나올 때는 정당한 평가를 받게 되어 있다. 권위주의적 형식의 지배가 너무 강할 때는 예술가가 죽은 후에나 비로소 그의 창조성이 평가를 받게 되는 불행도 있지만, 문학이나 예술의 역사는 결코 권위주의적 지배를 어느 한계 이상으로 허용하지는 않는다.

문학과 예술에서의 권위주의 문제를 생각해 보면 종교에서의 권위주의 문제도 문학과 예술에서처럼 역사적으로 해결될 수 있었으면 좋겠다는 생각을 하게 된다. 종교적 경전을 문학과 예술의 작품인 것처럼 대상화하여 새로운 해석을 통한 새로운 창작을 가능하게 할 수 있으리라는 것이다. 그런 직접적인 작업은 아니었지만, 문학과 예술이 다루어 온 종교적 진리의 문제가 종교적 권위주의에 영향을 주어 왔다. 문학과 예술에 더 많은,

더 폭넓은 창작의 자유를 부여하면서 종교적 진리의 문제를 새롭게 다루어 볼 수 있도록 하자는 것이다. 인간의 정신세계를 다루고, 영혼의 감동을 표현하여 영감을 얻게 한다는 점에서 문학과 예술은 이미 종교의 영역에 동참하고 있기 때문이다.

철학은 지금까지 사실상 유비추리를 무시해 왔다. 철학은 엄밀해야만 살아남을 수 있다고 생각한 것이었다. 엄밀하게 하는 논리는 물론 연역논리이다. 수학의 엄밀성만큼 철학도 엄밀해야 한다고 생각했기 때문에 수학적 논리라고 하는 연역논리로 만족하고자 한 것이었다. 논리를 그렇게 제한함으로써 철학이 다룰 수 있는 문제도 지극히 제한되어 버렸다. 철학적 질문은 다양하게 제기되었지만 철학자들은 연역논리로 다룰 수 있는 대상세계의 문제로 제한함으로써 사실상 질문을 회피하는 결과가 되고 말았다. 철학이 무관심으로 버림을 받게 된 이유이다. 철학이 대학 강의에서 죽어 갈 수밖에 없는 이유이다.

엄밀한 논리를 고집하는 것보다 더 중요한 철학의 문제는 문제 자체의 철학적 의미를 파악하면서 그 문제에 맞는 논리를 이해하고 적용하는 일이다. 엄밀할 수 없는 인간의 사유방식을 인정해야 한다. 엄밀성을 벗어날 수밖에 없는 인간의 사유세계를 받아들여야 한다. 특히, 창조적인 인간의 사유세계를 받아들이면서 그런 세계의 철학적 의미를 논하고자 하는 일은 철학이 살아남을 수 있는 필수의 길이다. 철학이 종교와 만날 수 있고, 문학이나 예술과도 만날 수 있는 필수의 조건이다. 유비추리를 통한 철학적 사유가 철학의 그런 가능성을 보여 준다. 변증논리도 철학이 역사와 만날 수 있고, 역사 발전에 참여할 수 있게 하는 논리라는 것은 주지의 사실이다.

인간의 사유능력을 그 가능성과 한계성으로 다시 이해하고자 해야 한다. 사유의 엄밀화가 필요할 때가 있다. 그러나 그런 엄밀화의 한계를 인식하면서 사유의 자유화와 자주화가 어떤 다른 논리의 적용을 필요로 하는지도 이해해야 한다. 만일 그런 사유능력의 한계가 바로 우리 인간의 인식능력에 관계되는 문제라고 한다면, 인간의 진화단계와 진화 가능성의 문제로 사유능력의 문제를 제기해야 한다. 그것은 곧 철학의 가능성을 제한하는 문제가 될 것이며, 나아가 종교나 문학, 예술에서 인간의 독단과 오만을 지적해 주는 철학적 통찰과 지혜를 보여 주게 될 것이다.

분노의 논리

'분노의 이유'라고 하기 보다는 '분노의 논리'라고 함으로써 이유가 될 수 있는 것을 적어도 여섯 가지 논리유형에 따라 다양화해 보자는 것이다.

첫째, 연역논리적 이유로 분노하는 경우가 있다. 원인에 대한 결과로써의 분노를 말한다. 누구나 당연히 분노하게 하는 원인 때문이라는 것이다. 자극에 대한 반응으로써의 분노라고 할 수도 있다.

둘째, 하나하나의 원인작용으로는 반응을 일으킬 수 없으나, 그런 자극이 반복되고 누적됨으로써 분노라는 반응을 가져오게 할 수 있다. 귀납논리적 이유의 분노를 말한다. 작은 경험들이 쌓여 감으로써 분노를 일으키는 경우를 말한다.

셋째, 분노를 하게 만들었던 비슷한 상황에 처하게 됨으로써 다시 분노하게 되는 경우가 있다. 자기 자신이 체험한 분노의 상황과 비교할 수도 있고, 다른 사람이 분노한 상황과 비교할 수도 있다. 유비논리적 이유의 분노를 말한다. 남이 분노하는 것을 보고 배우게 되는 것도 이런 유비논리적 이유가 작용할 수 있다.

넷째, 변증논리적 분노가 있다. 상대방의 분노를 유도하기 위한 분노를 말한다. 대립관계, 갈등관계, 모순관계를 첨예화하기 위해 분노를 표출하는 경우를 말한다. 서로의 분노를 격화시킴으로써 역사적 종합을 지양하게 하자는 전략이 될 수 있다. 물론 그런 지양적 종합이 이루어지지 못할 때는 완전 결별이 되고, 대립의 한쪽이, 또는 양쪽 모두가 존재의 위기에 처할 수도 있는 것이다.

다섯째, 어떤 사람이나 문제 상황을 포괄적으로 볼 수 있는 관점이 생기면서 분노하게 되는 경우가 있다. 색깔로 파악한다는지, 사상이나 신앙의 특성, 또는 인생관이나 역사관의 특징을 파악하게 되면서 분노하는 그런 경우가 있다. 전체를 포괄적으로 보는 관점에 근거한 것이므로 귀추논리적 이유의 분노가 된다.

여섯째, 어떤 목표를 위한 수단으로서, 방법으로, 전략으로서 분노를 이용할 수 있다. 분노의 방법이 목적을 위한 것으로 판단되지 않을 때는 다른 수단으로, 다른 전략으로 바꿀 수 있어야 한다. 분노 자체를 자제하지 못하고 목적한 바를 역행하는 결과가 된다면, 수단과 목적의 전도라는 결과에 이를 수도 있다. 실천논리적 이유의 분노라고 할 수 있는 방편적 분노 또는 전략적 분노는 통제 가능성 또는 제어 가능성을 조건으로 한다.

분노의 이유가 다양할 수 있다는 것을 보기 위해 여섯 가지 논리를 적용해 보았다. 분노의 이유가 복합적일 수 있다는 것이 실제상황에서는 문제가 될 수 있다. 따라서 이유의 논리가 몇 가지로 중복 적용될 수 있다. 문제 상황을 주고 분노하게 되는 반응에 대하여 어떤 논리의 유형들을 적용한 이유 설명을 할 수 있는가를 생각하고 논술해 보게 하는 것은 우리의 논리적 사유를 다양하게 해 줄 것이다. 더 자유롭게 해 줄 것이다.

충분조건

우리는 충분조건을 너무 쉽게 생각할 때가 있다. 조금만 신중히 생각해 보면 충분한 조건이 될 수 없다는 것을 알 수 있는데도 그냥 충분조건으로 생각하고 그 결과를 받아들이는 쪽으로 마음을 돌려 버리는 것이다.

미워하는 사람을 의심할 때 그런 속단을 한다. 싫어하는 사람을 비판할 때 그런 편견을 갖는다. 특별히 좋아하는 것을 평가할 때 그런 독단에 빠진다. 간절히 희망하는 것이 이루어지리라는 기대를 할 때 그런 망상을 하게 된다. 자기 주장을 끝까지 굽히지 않으려고 할 때 그런 독선에 사로잡힌다. 무조건 믿고 싶을 때 그런 미신을 거부하지 못한다.

충분조건을 충분히 고려해 보지 않을 수 있는 사유방식은 특별한 것이 아니다. 필요에 따라서, 또 효율적인 사유가 되기 위해서 흔히 적용하는 사유방식이기 때문에 충분치 못한 것을 충분조건으로 생각해 버리는 것이다. 무엇이든 단순화하고자 하는 사유가 그런 것이다. 보편화하여 생각하고자 하는 것도 그런 것이다. 보편화하는 것이 정당화를 보장한다고 생각하기 때문이다. 무엇이든 일반화해 보려는 것도 그런 것이다. 일반화하면 법칙화하거나 이론화하는 것 같은 믿음을 주기 때문이다. 관념화하고자 하는 경향도 그런 것이다. 관념적으로 고정시킴으로써 매번 다시 생각하는 수고를 덜 수 있기 때문이다. 필연적 관계로 묶어 두고자 하는 것도 그런 것이다. 필연적 관계의 조건이므로 충분조건이 된다고 생각하는 것이다. 그리고 절대화하는 사유의 성향이 또한 그런 것이다. 절대적인 것이므로 충분조건이 된다는 생각을 말한다.

"믿으면 구원을 받는다."라고 할 때 믿음은 구원의 충분조건임을 뜻한다. 그러나 믿는 것만으로 구원을 받을 수 있다는 생각은 신앙의 타락을 허용하는 잘못된 생각이다. 믿으니까 무슨 짓을 해도 좋다는 생각을 한다는 것이다. 믿음으로써 구원을 보장받을 수 있다고 생각한다는 것이다. 과연, 믿음이 구원의 충분조건일까? 만일 믿음이 구원의 충분조건이라면, 예수의 십자가가 무의미해진다. 십자가의 예수가 없이도 기독교가 성립할 수 있었어야 한다. 예수의 가르침만으로 충분했어야 한다. 그 당시 비슷한 가르침으로 선지자가 되고 스승이 되었던 다른 사람들과 예수가 다르다고 할 이유가 없다. 그러나 다른 선지자들과 스승들은 잊히고 예수만 구세주로 남아 있게 된 것은 그의 십자가 때문이었다. 십자가를 지지 않는 기독교인들, 사랑의 실천을 하지 않는 기독교인들이 믿음만으로 구원을 받게 되리라는 생각을 할 수는 없다. "믿음으로 십자가의 사랑을 실천하면, 구원을 받는다."라고 해야 할 것이다. 십자가의 사랑, 자기를 희생하는 사랑은 구원의 충분조건에 반드시 더해져야 하는 것이다.

"권력이 정의이다."라는 말은 현실주의적 정의관을 말하는 것이므로 부정적 의미를 지니고 있다. 권력의 부패를 막을 수 없으므로 당연시하자는 현실주의를 뜻한다. 권력을 정의의 충분조건이라고 하면, 권력의 부패는 막을 길이 없다. 권력이 올바른 의미에서 정의의 조건이 될 수 있는 제한조건은 무엇인가? "권력이 공정을 실현하면, 정의가 된다."라고 해야 할 것이다. 공정의 정의를 책임지고 실현해 내는 권력이어야 정당한 권력, 또는 정의의 권력이라고 할 수 있다는 것이다.

권력이 책임져야 할 공정의 정의는 어떤 것인가? 권력은 공정한 교육을 책임져야 한다. 교육을 통한 능력개발의 공정성을 책임져야 하는 것이다. 공평한 교육의 기회를 바탕으로 해야 하지만, 능력에 따른 공정한 교육이 되어야 한다는 것이다. 플라톤의 교육철학이기도 하다.

권력은 또한 공정한 취업을 책임져야 한다. 누구에게나 노동할 권리가 있다는 것은 공평의 정의를 말하지만, 역시 능력과 적성에 맞는 직업을 선택할 수 있어야 하며, 직장과 직업의 이동 또한 공정해야 한다는 것이다. 대학의 시간강사들을 비롯하여 비정규직으로 불공정한 처우를 당하고 있는 많은 사람들의 문제를 권력이 책임져야 한다는 것이다.

권력은 공정한 보수와 보상을 책임져야 한다. 유명 연예인과 무명 연예인의 보수 차이는 결코 공정한 것이 못된다. 시장경제의 기능에만 맡겨 둘 문제가 아니다. 권력이 개입하여 터무니없이 불공정한 대우와 보상에 대하여 공정의 기준을 세우고 시정해 나가야 한다. 권력이 해낼 수 있는 일이다.

권력이 책임져야 할 또 한 가지 중요한 일은 공정한 처벌이다. 처벌이 없이 공정의 정의가 실현될 수는 없다. 생명의 존엄성이나 인권을 말하면서 처벌을 반대하는 종교나 철학은 현실역사를 책임질 수 없다. 종교가 권력을 장악하고 현실역사를 책임지고자 한 시대가 있었으나 그것은 바람직하지 못한 것으로 역사가 판단했다. 종교와 철학이 지향하는 이상사회를 권력이 책임져야 하는 현실역사의 사회와 혼동해서는 안 된다. 공정한 처벌로 현실역사를 책임져야 하는 권력이 되지 못할 때, 그런 책임을 질 수 있는 권력으로 대치할 수밖에 없다. 잘못된 시대의 역사를 청산하는 일 그 자체도 공정한 처벌을 필요로 하기 때문이다.

권력은 공정한 유통을 책임져야 한다. 농산물의 유통구조가 공정하지 못하기 때문에 우리의 농촌이 죽어 가고 있다. 농민들에게 돌아가야 할 보상이 유통업자들에게 돌아가고 있으니까 농업을 포기하게 된다. 농산물이 전쟁무기화 될 수 있는 미래를 예측하면서도 농촌을 죽이고 식량자급 비율을 20% 수준에 머물게 한 정권들이었다. 권력이 책임져야 하는 중대사가 무엇인지를 전혀 의식하지 못한 무책임한 정권들이었다.

권력은 이제 공정무역을 말하고 있다. 이 경우 국가권력 보다는 국가 간의 권력 구조를 말하는 강대국의 권력을 의미한다. 강대국과 약소국 간의 무역은 사실상 착취를 의미했기 때문이다. 그런 착취의 불공정을 해결해야 한다는 문제의식에서 '공정무역'이 나온 것이다. 과연 공정무역이 실현되어 생산자들에게 공정한 보상이 돌아가게 될 것인가? 불공정을 의미했던 '권력의 정의'가 '공정한 권력'으로 시정될 수 있을까?

권력을 '필요악'이라고도 한다. 권력이 정의로울 수는 없지만, 현실사회는 그런 권력을 필요로 한다는 뜻이다. '권력이 곧 정의'라고 하는 것도 권력의 부패를 당연시하고 권력의 정의를 포기한다는 뜻이다. 현실주의적이면서 패배주의적인 입장이다. 역사적 현실에 대한 책임감 있는 입장이 아니다. 그렇다고 권력을 부정하면서 권력이 책임질 수 있는 정의는 없다고 하는 것도 또 다른 현실역사의 부정이다. 권력이 정의로울 수 있는 조건을 너무 단순하게, 관념화하여 판단하는 편견이다.

현실을 책임져야 하는 사람은 그 현실의 문제해결을 위한 조건을 신중히 고려하게 된다. 성급하게 충분조건을 받아들이지 않는다. 충분조건이라는 판단은 그것만으로 문제해결이 가능하다는 결정을 하게끔 하기 때문이다. 그것은 속단이었으며 편견이었고, 독단이었으며 망상이었고, 독선이었으며 미신이었다고 반성하게 될 때는 이미 현실역사가 우리 손을 벗어나 버린 후가 될 수 있는 것이다.

종교적 구원이나 해탈의 충분조건을 너무 쉽게, 너무 단순하게 말하는 사람들이 있다. 권력의 정의를 너무 쉽게 포기해 버리는 사람들이 있다. 공정한 권력이 역사적으로 실현된 적은 없다고 단언해 버리는 사람들이 있다. 역사적 진화와 진보의 가능성을 부정하는 것이다. 그래도 역사는 발전한다고 하기 위해서는 공정한 권력의 충분조건을 신중히 고려해야 한다. 충분조건을 쉽게 받아들이지 않는 사유는 일상의 생활 속에서도 유용한 실천이 될 수 있다. 예컨대, 결혼의 충분조건을 너무 쉽게 생각하는 것을 사랑에 눈이 멀었다고 한다. 대학입학의 충분조건을 너무 쉽게 생각하기 때문에 부정입학의 방법에 혹하게 된다. 이것은 충분조건이 될 수 없는 조건인데도 충분조건으로 인정해 버리는 오류를 말하는 것이다. 아예 "충분조건은 없다"라고 하든지, "단순한 충분조건은 없다"라고 하면서 충분조건에 대한 생각을 충분히 고려한 후에 결과를 위한 수단과 방법을 결정해야 한다는 것이다. 전략과 전술에 신중한 사람에게는 충분조건이라는 것이 있을 수 없다는 것도 유의할 일이다.

합리적 신비

'합리적 신비'는 개념적 모순이다. 합리적인 것은 신비적일 수 없고, 신비적인 것은 합리적일 수 없다. '합리'와 '신비'는 서로 모순되는 개념들이다. 합리적이면서 신비적이라고 한다든지, 신비적이면서 합리적이라고 하는 것은 역설이 되고 만다. '합리적 신비'를 논하고자 하는 뜻은 그런 역설을 말하자는 것이 아니다. 합리성을 주장하고 지켜온 철학이 신비의 문제를 다룰 수 있는 가능성을 생각해 보자는 것이다. 종교와 예술과 문학이 자유롭게 말할 수 있는 신비의 체험과 신비의 현상을 철학만이 논할 수 없다는 사실을 문제시해 보자는 것이다. 물론 철학적 합리성으로 당장 신비의 문제를 다룰 수 있으리라는 것은 아니다. 철학적 합리성의 한계와 특수성을 지적하면서 철학이 그 합리성의 범위를 확장해 갈 수 있는 가능성을 논의해 보자는 것이다. 신비의 문제를 철학적으로 접근하기 위한 필요조건으로서 철학자체의 합리성에 변화를 가져와야 한다는 뜻이다.

종교는 우리에게 신비의 세계로 길을 안내해 준다. 신비를 체험할 수 있게 하는 길을 열어 준다. 종교적 수도와 수행의 길이다. 종교적 정진과 고행으로 체험하게 하는 길이다. 종교적 순례와 실천으로 체험하게 하는 신비의 길이다. 그런 신비의 체험을 일상언어로, 체험언어로 말하고자 하지만, 정확한 의미전달은 가능하지 않다. 종교언어를 통한 의미전달이 정확할 수도 없고 충분할 수도 없으므로 누구나 자기 자신이 체험적으로 터득해야 하는 신비라는 것이다. 그런 종교적 신비를 체험한 사람들끼리도 정확한 언어로 그 체험을 서로에게 전할 수 없다는 것이 '신비'라는 말을 지울 수 없게 하는 이유이다. 이처럼 일상언어적 표현이 충분할 수 없는 체험이기 때문에 신비의 문제는 철학이 다룰 수 없는 문제가 되어 왔다. 철학은 모든 것을 일상언어적 표현이 가능한 것으로 제한하여 대상화해 왔기 때문이다. 하지만 철학의 언어 이해는 일상언어적 표현의 한계를 넘어서 그것이 함축하고 수반하는 의미의 체험까지 포함하는 차원으로 넓어졌으므로, 부정확한 언어적 표현이지만 이제는 신비의 체험을 대상화할 수 있으리라는 것이다.

예술이 가능하게 하는 신비의 체험은 아름다움이 수반하는 신비이다. 우리는 자연의 아름다움에서 직접 신비함을 느낄 수 있다. 그런데 예술은 그런 아름다움의 체험을 예술언어로 표현해 줌으로써 직접적 체험이나 다를 바 없는 신비를 체험하게 한다. 예술언어의 힘을 말한다. 예술가의 창조능력을 말해 준다. 그런 예술언어로 작품을 창조할 수 있게 하는 예술가의 능력 그 자체도 신비스러운 것이다. 예컨대, 음악에서 말하듯 천상의 소리를 듣는 체험이 가능하다는 것이 신비롭다는 것이다. 예술가의 그런 체험을 예술언어로 표현하여 감상자들이 거의 비슷한 체험을 간접적으로 예술작품을 통하여 할 수 있도록 한다는 것 또한 신비로운 사실이다. 종교적 체험의 신비도 그런 예술적 창작으로, 예술언어로 다시 표현해 줌으로써 많은 사람들이 그 체험을 공유할 수 있게 한다는 것 또한 놀라운 일이다. 신비의 체험에 관한 한, 예술이 먼저인가, 종교가 먼저인가를 문제시할 수는 있겠지만, 아름다움의 체험에서 신비함을 느낄 수 있는 것은 기본적이고 본질적이라는 생각을 하지 않을 수 없다.

우리가 체험하는 또 다른 신비는 기적의 신비이다. 지극 정성을 다하는 인간의 마음이 기적을 낳게 한다. 영혼의 감동이 실천하게 하는 선행이 기적을 가져오기도 한다. 꿈으로 오는 계시나 예언 같은 것이 현실에서 그대로 이루어지는 기적을 체험할 때도 있다. 기적은 종교적 체험에서도 일어나고, 예술적 창조에서도 일어난다. 과학적으로 설명할 수 없고, 합리적으로도 설명할 수 없는 어떤 힘의 작용으로 이해되는 기적이기 때문에 신비로움을 느낀다는 것이다. 이러한 기적적 사건의 체험을 종교적으로 표현할 수도 있고, 예술적으로 표현할 수도 있다. 그러나 가장 포괄적이면서 심층적으로 그런 기적적 사실을 서술해 주고, 설명해 주고, 해석해 주는 작품으로 표현할 수 있게 하는 것은 문학이다. 일상언어인 문학언어가 그만큼 풍부하기 때문이다. 보편적이면서 평이하기 때문이다. 그러면서도 문학은 철학과 다르게 특정 논리로 제한받지 않으며, 합리성을 고집하지 않아도 되기 때문이다. 문학적 표현의 자유로움 때문이다. 하지만 모든 문학작품이 신비의 체험을 다루는 것도 아니며, 그렇게 해야 한다는 것도 아니다. 깨달음의 신비, 아름다움의 신비, 또는 기적의 신비를 문학적으로 표현하는 작품은 우선 작가의 능력으로 요청하는 바도 특이할 수 있다. 신비의 경지를 체험할 수 있는 능력을 말한다. 그러면서 독자들에게는 작품을 통한 간접적 체험의 신비를 가능하게 해야 하므로 평이할 수 없다. 신비의 체험으로 감동하게 하는 문학작품을 만나는 일이 결코 용이할 수 없음을 말해 준다. 중요한 것은 문학적 창작이 그런 신비의 체험을 자유롭게 다룰 수 있다는 사실이다.

철학은 왜 신비의 문제를 다룰 수 없는가? 철학에서는 신비의 세계를 문제시하면 "그것은 신비주의로 빠지는 것이야!"라고 해 버렸다. 철학적 논의가 다룰 수 없는 대상세계로 제외시켜 버렸다는 것이다. 철학이 그런 신비의 세계를 제외시키게 된 것은 철학의 인식론 때문이다. 인식론에서의 경험주의는 인식의 기본이 되는 경험적 자료를 보편적이고 객관적인 감각자료로 제한했다. 신비적 체험 같은 것은 포함될 수 없게 한 것이다. 또한 인식론에서의 합리주의는 인식의 논리를 연역논리로 제한했다. 그런 연역논리로 설명될 수 없는 신비적 체험은 인식론에서 제외될 수밖에 없다는 것이다. 인식론에서의 경험주의와 합리주의는 함께 서로 보완하면서 철학에서 말하는 합리성을 제한하게 되었으며, 그런 인식론을 바탕으로 하여 철학의 존재론을 논하고자 하기 때문에 신비의 세계는 제외될 수밖에 없었다는 것이다. 인식론에서 존재론으로 나아가고자 하는 철학은 대상세계를 부당하게 축소시켜야 하거나, 아니면 회의주의로 귀결하게 된다는 것이다. 그러나 존재론의 대상세계를 경험하는 바대로 받아들이고, 그런 세계에 대한 인식론의 문제를 제기한다면, 철학의 인식론이 얼마나 제한되었으며, 얼마나 미흡한 전제조건에 근거하고 있는가를 볼 수 있다.

철학의 존재론은 일찍부터 신비의 세계를 말해 왔다. 그런 존재론을 신비주의로 부정해 버린 것은 인식론의 한계 때문이었다. 인식론의 한계성이 비판의 대상이 되자, 철학은 과학적 인식과 과학적 방법에서 인식론의 타당성을 찾고자 했다. 과학주의로 빠지게 한 철학의 오류였다. 과학의 방법론이 정당화해 줄 수 있는 철학의 인식론은 그런 과학이 제한하는 대상세계를 그대로 받아들임으로써 철학적 인식의 대상세계까지도 제한하게 된다는 사실을 간과한 것이다. 결국 철학의 존재의미를 상실하게 했으며, 철학을 침묵하게 한 잘못된 선택이었음이 드러나게 한 것이다.

철학이 신비의 세계와 신비의 체험을 다룰 수 있을까? 철학의 인식론이 말하는 합리성을 확장시켜서 신비의 체험을 논할 수 있을까? 인식론에서 존재론으로 나아갈 수 있는 길이 없다면 어떤 다른 길이 가능할까?

신비의 체험은 보편적이고 객관적인 경험이 아니다. 주관적이면서 특수한 체험이다. 신비의 체험은 대상을 인식하는 것이면서 또한 가치체험을 함께 하는 것이다. 가치판단을 수반하는 인식이다. 따라서 인식론의 문제이면서 가치론의 문제가 된다는 것이다. 신비의 체험이 대상화하는 존재의 세계는 인식론과 함께 가치론으로 접근해야 한다는 것을 말한다. 신비의 세계를 포함하는 철학의 존재론은 인식론과 가치론으로 접근해야 한다는 것이다. 가치론이 배제하지 못하는 주관성과 다양한 논리의 유형을 받아들이면서 인식론과 가치론을 연관시킨 가치인식의 방법론으로 신비의 세계, 신비의 체험을 다루고자 해야 한다는 것이다.

또한, 가치론을 말할 때 우리는 기본 가치로서 진(眞), 선(善), 미(美)를 구별하는 것을 당연하고 자연스러운 것으로 생각하면서도 그들 가치의 상호관계 또는 상호작용에 대해서는 문제시하지 않았다. 신비의 체험은 이러한 가치론의 문제도 다시 음미해 보게 한다.

자연의 아름다움에 신비를 느낀다고 할 수 있다. 하지만 하느님의 진리와 하느님의 선(善)으로 창조된 자연의 아름다움에서 신비를 느낀다고 할 수도 있다. 신비의 의미, 신비의 체험을 더 깊게 해 주는 인식이다. 신비의 체험을 설명해 주는 의미를 더해 준다.

종교적 수행에서 존재세계에 대한 새로운 깨달음, 새로운 진리를 터득하게 되는 것은 또 하나의 신비를 체험하게 한다는 것이다. 그런 종교적 수행을 선함과 아름다움을 실천하는 마음으로, 또는 자비로운 마음과 아름다운 영혼을 위한 수행으로 이해하면서, 그런 수행을 통하여 이르게 되는 깨달음이 보여 주는 진리의 신비를 말한다면, 이것 역시 신비의 체험을 더 깊게 인식하고 이해할 수 있게 해 줄 것이다.

인간의 선행이 이루어 내는 기적도 신비를 체험하게 한다. 인간의 힘만으로는 가능하지 않은 일이기 때문에 기적이라고 한다. 그러나 인간의 선행이 작용한 기적이라는 것을 인정하면서도 기적이 일어나게 한 충분조건에 대해서는 말할 수 없기 때문에 기적의 신비를 느끼게 한다는 것이다. 그런 기적의 신비에 대해서도, 아름답고 진실된 선행이 이루어 내는 기적이라든지, 아름다운 영혼과 진실된 마음으로 실천하는 선행이 이루어 내는 기적으로 설명을 더할 수 있다. 신비로운 기적을 가능하게 하는 조건을 미(美)의 가치와 진(眞)의 가치를 전제하는 선(善)의 가치로 설명해 볼 수 있다는 것이다.

이처럼, 미의 가치와 진의 가치를 조건으로 하는 선의 가치에서 신비의 체험이 가능하다는 것을 보여 주고 한 것이 노자의 《도덕경(道德經)》이 아닐까 한다. 그리고 선의 가치와 미의 가치를 조건으로 하는 진의 가치에서 신비의 체험이 가능하다는 것을 가르쳐 주고자 한 것이 수행을 통한 깨달음에 이르는 길을 열어 준 붓다의 뜻이 아닐까 한다. 그렇다면 진의 가치와 선의 가치를 조건으로 하는 미의 가치에서 신비의 체험이 가능하다는 것을 말해 주는 것은 구약성서의 창조이야기가 된다.

철학은 신비를 말하는 종교와 대화를 할 수 있는 가능성을 보여 준다. 철학이 합리적 설명의 '합리성' 개념을 넓혀 주고, 인식론과 가치론을 함께 전제한 존재론을 받아들일 때 가능하다는 것이다. 예술에서의 신비와 문학에서의 신비도 신비주의로 제외시키지 않을 수 있는 철학으로 거듭날 수 있으리라는 것이다. '합리적 신비'는 여전히 개념적 모순으로 남아 있겠지만, 합리적 설명과 이해의 방법으로 신비의 세계에 접근해 가면서 역설적 의미를 축소해 갈 수 있으리라는 것이다.

과학적 공정성

평등한 세상, 공평한 세상을 위한 이념을 과학적으로 이론화하고자 한 것이 '과학적 사회주의'이다. 사회주의적 혁명이 성공하여 평등사회를 위한 실험을 계속하고 있지만 '과학적 사회주의'의 과학에 대한 믿음은 많이 약화되었다. 과학으로서의 사회과학의 한계가 불가피하기 때문이다. 체제유지를 위한 정치권력의 필요성과 그 기능만 하더라도 과학적 설명과 과학적 방법의 검증을 허용하지 않는다. 중력에는 법칙이 있지만, 권력에는 법칙이 없다. 중력은 부패하지 않지만, 권력은 부패한다.

공평한 세상을 위하여 과학이 할 수 있는 일이 무엇인지 생각해 보게 된다. 과학은 문명의 발달을 위한 가장 큰 힘이 되어 왔다. 그러나 사회 경제적 발달은 불평등을 불가피하게 하므로 과학은 오히려 불평등의 원인으로 인식되고 있다. 평등화를 위한 이념적 · 정치적 시도는 계속될 것이다.

과학이 공평한 세상을 위해 할 수 있는 역할은 여전히 하나의 과제로 남아 있다.

공정한 사회의 이상과 공평한 사회의 이상은 서로 관련되어 있지만 혼동해서는 안 될 이상들이다. 공평의 이상을 실현하지 못하는 상황에서도 우리는 공정의 정의가 실현되기를 바랄 수 있다. 또 공정의 정의를 추구하는 가치관의 바탕에는 공평의 정의가 전제되어 있다. 공정한 사회를 이루어 가고 지켜 간다는 것은 그 자체로서도 공평한 사회를 위한 성취가 될 수 있다는 것이다. 공정하면 공평할 수 있다고 말할 수 있는 것이다. 공정한 불공평을 말할 수 있지만, 공정으로 정당화된 불공평은 현실로서 받아들이게 하면서도 공평으로의 변화와 개선을 생각하게 한다는 것이다.

그렇다면 공정한 사회를 위한 과학의 역할은 어떠한가? '과학적 공정성'을 말할 수 있는가? 공정의 정의가 실현되게 하는 데 과학이 기여할 수 있는 바는 무엇인가?

공정한 처벌이나 공정한 보상을 판단하는 데 가장 기본이 되는 조건은 절대적 가치를 배제해야 한다는 것이다. 공정의 기준을 적용한다는 것은 모든 것을 상대화하여 평가한다는 것이다. 그런 상대화된 평가를 부정하는 절대화된 가치를 인정하면 공정성을 문제시할 수 없다는 것이다. 생명의 가치를 절대화하여 어떤 판결에서도 사형선고는 허용할 수 없다고 한다면 그것은 공정의 정의를 제한하자는 것이다. 뿐만 아니라 무참히 살해를 당한 사람들의 생명과 그들을 살해한 흉악범의 생명을 서로 다른 가치 기준으로 평가하는 것이므로 공평의 정의에도 어긋나는 절대화가 된다.

공정한 판결에서 제외될 수 있는 절대적 가치가 없다면, 사형선고가 공정한 판결이 되는 상황을 예상하는 데는 문제가 없다.

공정한 판단을 위해 과학이 할 수 있는 것은 절대적 가치를 부정하고 모든 가치를 상대화하게 하는 것이다. 과학이 설명해 주는 생명현상은 결코 생명을 절대화하게 하지 않는다. 인간의 생명을 절대화하면서, 다른 종의 생명을 절대화하지 않는 것도 잘못된 판단이다. 개체생명, 즉 개별 인간의 생명을 절대화하는 것은 더욱 잘못된 판단이다. 종의 생명이라는 조건과 온 생명이라는 조건을 떠나서는 개체생명을 생각할 수 없기 때문이다. 모든 것을 상대화하여 판단하게 하는 과학은 지금까지 자기중심적으로, 또는 인간중심적으로 절대화하게 한 가치관의 잘못을 깨닫게 한다. 공정한 판단의 보편적 적용을 가능하게 한다.

공정한 판단에서 문제가 된 것에는 판단의 오류 문제가 있다. 잘못된 판단으로 사형선고를 하고 처형을 한 것이 뒤늦게 인정된 오판의 예가 있기 때문이다. 과학은 그런 오판의 가능성을 줄여 줄 수 있다. 물론, 그런 과학적 결정을 절대시할 수는 없다. 축구 경기에서 심판의 오판은 항상 문제가 되어 왔지만, 지금은 과학적 방법에 의한 경기상황의 확인으로 심판의 오판을 시정하고 있다. 심판의 권위를 절대시하여 오판을 문제시할 수도 없게 한 때도 있었으나, 지금은 그런 심판의 권위를 말하는 사람이 없다. 잘못된 권위주의를 과학적 확인 방법이 대신해 준 것이다. 사형선고가 문제시되는 재판정에서의 상황은 훨씬 더 복잡할 수 있다. 과학적 검증이 불확실성을 그대로 내포할 수 있다. 오류의 가능성을 완전히 배제할 수 없는 경우가 가능하다. 하지만 과학적 결정은 최선의 방법으로 선택할 수 있다는 것이다. 잘못된 판결의 가능성을 줄여 주는 과학적 방법이 될 수 있다는 것이다.

과학적 방법의 한계를 인정하면서도 과학에 대한 신뢰를 갖게 하는 것은 과학이 계속 발전하고 있다는 사실과 과학적 방법에는 스스로 시정해 가는 자정능력, 자정기능이 있다는 것이다. 다른 과학 외적 요소가 작용한다면 문제가 될 수 있지만, 그런 외적 요소를 제거하는 제도적 장치를 전제한다면 과학 자체의 자정능력을 믿는 것 또한 공정한 판단의 중요조건이 된다는 것이다.

과학이 공정성을 위해 기여할 수 있는 또 한 가지 측면은 문제영역의 혼동을 배제하게 한다는 것이다. 과학은 대상영역을 제한하여 적절한 방법을 적용하게 한다. 대상영역의 확인을 민감하게 하는 것이다. 그런 과학적 문제의식과 사유방법은, 예컨대 불공평의 문제를 불공정의 문제와 혼동하게 하지 않는다. 권력의 부패가 일어나는 것은 그런 영역의 구별을 무시해 버리는 혼동에서 기인될 수 있다. '유전무죄, 무전유죄'가 그런 혼동을 말해 준다. 돈이 있느냐, 없느냐, 권력이 있느냐, 없느냐는 것은 불평등, 불공평의 문제이다. 그것이 불공정의 원인이 되어서는 안 된다는 것이다.

문제영역의 혼동이 문제가 되는 또 한 가지 예는 공정한 판단의 문제와 용서의 문제를 혼동하는 데서 볼 수 있다. 공정한 판단의 사형선고가 될 수 있다. 공정한 판단에는 용서의 문제가 개입될 수 없고, 개입되어서도 안 된다. 사형선고를 받은 사형수를 용서해 주어 사형집행을 면하게 해 줄 것이냐는 다른 차원의 다른 문제이다. 여러 가지 정황적 요인들이 고려되어야 하는 문제이다. 전체 사회적 질서문제이고 역사적 문제이다. 종교와 철학, 이념과 윤리가 관련되는 문제일 수 있지만, 과학이 영향을 미칠 수 있는 문제는 아닐 수도 있다.

이처럼 공정한 판단과 판결을 위해 과학이 지대한 영향을 줄 수 있기 때문에 '과학적 공정성'을 말할 수 있는 것이다. 마침내 '공정무역'을 말하게 된 선진사회의 기업과 정부가 착취를 위장하기 위한 수단이 아니라, 진정한 공정성의 실현을 위한 것이라면, 과학적으로 그 공정성을 판단하게 하는 여유와 아량을 보여야 할 것이다.

마지막 강의

오늘은 부처님 오신 날이기에 하루를 쉬게 되었다. 다음 주에 있을 마지막 강의에 대한 생각을 정리해 볼 수 있는 소중한 시간이다.

대학 교수직을 끝내는 마지막 강의가 될 것이다. 정년퇴임한 후에도 이화여대 평생교육원에서의 논술 철학 강의는 계속할 테니까 ‘마지막 강의’ 의 의미가 제한된다. 그러나 포항공대에서 하게 될 마지막 강의는 특별한 의미를 갖는 것도 사실이다.

나의 교수직을 포항공대에서 마무리하게 된 것은 특별한 의미를 갖는 인연 때문이라고 생각한다. 그 특별한 인연 때문에 이 대학 사람들과의 악연도 불가피했던 것 같다. 악연으로 인한 고통을 견디어 낼 수 있었던 것은 인연에 대한 기대 때문이었다고 할 수 있다. 어떤 인연을 말하는가?

강의실에서 만나게 된 포항공대 학생들과의 인연을 말한다. 이곳에서 교수로 있다는 것은 지긋지긋한 일이었다. 터무니없이 괴롭히고 마음에 상처를 주는 교수들 때문이었다. 그러나 강의실은 전혀 다른 분위기의 세상이었다. 열심히 강의 준비를 했고, 매시간 열정적으로 강의했다. 수강생들 모두가 호응해 주었기 때문이 아니라, 정말로 강의를 듣고 싶어 하던 학생들이 와서 열심히 들어 주었기 때문이다.

내가 생각하는 인연은 강의를 열심히 들어 준 소수의 학생들과의 인연이다. 그들 중에 나의 철학이 전달되어 역사의 맥을 이어 가게 될 소수의 학생들이 있으리라는 생각이 든다. 누구인지는 알 수 없다. 성적을 잘 받는 학생들일 수 있지만 그렇지 않을 수도 있다. 또한 그런 인연이 과연 맺어지게 된다면, 그런 사실도 10년이나 20년 후에야 알게 될 일이다. 하지만 나에게는 그런 인연에 대한 믿음 같은 것이 있다. 마지막 강의를 위해 준비해 온 나 자신을 보면 그런 믿음을 확인할 수 있다.

철학 강의는 지식을 전하는 것이 아니다. 지혜를 배울 수 있게 하는 것이 철학 강의이다. 지혜를 가르친다고는 할 수 없으므로 스스로 지혜롭게 될 수 있도록 안내해 주는 것이 철학 강의이다. 그런데 마지막 강의를 준비하면서 나는 지혜로 안내하는 것에 만족하지 못하고 나의 꿈을 전하는 일까지 해내고자 한 것을 스스로 볼 수 있다. 우리 세대가 이루지 못한 꿈, 나 자신이 아직도 꿈으로 간직하고 있는 이상들을 포항공대 학생들에게 전해 줌으로써 그들 중에 나와 인연이 있는 그 누군가가 그 꿈을 이루어 주리라는 믿음과 희망을 표현한다는 것이다.

나의 마지막 강의는 한 번의 강의가 아니라 세 번의 강의가 된다. 각기 다른 주제의 강의를 철학의 다른 영역으로 강의해야 한다. 학과목으로 말하자면 두 과목이지만 주제영역으로 말하자면 세 영역이다. 〈실용논리〉라는 과목을 처음부터 '논리철학'과 '실천철학'으로 나누어 강의했기 때문이다. 월요일에는 '논리철학'을 강의했으며, 수요일에는 '실천철학'의 주제들을 다루었다.

또 다른 과목은 〈인문학의 세계와 창의성〉이다. 문학, 역사, 철학을 서로 관련시켜서 공통의 주제로 문학교수, 역사학교수, 철학교수가 협동적으로 강의하는 실험과목이다. 철학 쪽에서는 '문학철학'과 '역사철학'을 강의하게 되어 있다.

따라서, 나의 마지막 강의는 논리철학 강의와 역사철학 강의, 그리고 실천철학 강의로 나누어졌다.

논리철학의 마지막 강의에서 내가 전하고 싶은 꿈은 논리학을 계속 발전시키면서 자기 자신이 논리적으로 성숙해 가는 일을 생애의 과업으로 해 보라는 것이다. 스스로를 논리적으로 성장하게 하는 사람이라야 남들이 논리적으로 성장하게 도와주는 일도 할 수 있기 때문이다.

논리적으로 성숙해 가는 일은 중요하다. 가령, 종교적 해탈이나 구원에 이르는 길은 다양하겠지만, 그 중에서 가장 분명하고 중요하다고 생각되는 길은 논리적으로 성숙해 가면서 이루게 되는 해탈의 자유와 구원의 자유라는 것이다.

역사철학의 마지막 강의에서 내가 남겨 주고 싶은 것은 역사적으로 생각하는 사유방식에 익숙해지라는 것이다. 과학도들은 법칙적 질서의 세계를 탐구하는 데 익숙해져 있다. 법칙적 질서만으로는 역사가 있을 수 없다. 그래서 역사적 변화도 법칙적 질서를 바탕으로 해야 할 수는 있다. 자연현상에는 분명 역사적 변화가 있지만, 자연에는 법칙적 질서가 모든 변화의 기본이 되고 있다. 자연과학이 연역논리적 수학만으로도 자연법칙을 발견하여 설명하고 예측할 수 있는 이유이다. 하지만 진화현상과 같은 비법칙적, 역사적 현상에 대해서는 연역논리적 수학이 무력해진다. 문명의 역사와 문화의 역사에 대해서는 과학의 대상영역을 벗어나는 것으로 과학을 제한해 버린다.

과학이 진화의 역사, 문명의 역사, 문화의 역사를 다루지 않을 수 없을 만큼 과학은 역사적 현상에 영향을 주고 있다. 과학도들이 역사적 현상에 관심을 가지고 이해하면서 과학의 발전적 확장을 시도해야 할 시대가 되었다는 것이다.

과학의 언어를 수학이라고 한다면, 역사 현상을 다룰 수 있는 과학의 조건은 수학이 연역논리적 제한을 벗어나서 역사의 논리를 수용할 수 있어야 한다는 것이다. 예컨대, 변증논리를 적용하는 수학으로 수학이 확장되어야 한다는 것이다.

자연의 언어를 수학이라고 한 사람은 갈릴레이였다. 자연과학이 지금까지 수학언어로써 자연현상을 설명할 수 있었다는 것은 갈릴레이의 말을 수긍하게 해 준다. 하지만 갈릴레이의 자연은 법칙적 질서의 자연으로 제한된 것이었다. 우주의 역사를 말해야 하고, 진화의 역사를 말해야 하며, 그 우주의 역사와 진화의 역사에서 등장한 우리 인간이 만들어 가는 문명의 역사와 문화의 역사를 말해야 한다면 자연의 언어는 연역논리적 수학으로 한정될 수가 없다.

역사가 없이 존재하는 것은 아무것도 없다. 영원한 진리를 말한다는 종교도 역사적으로 존재하며, 역사적으로 변화한다. 따라서 종교적 진리도 역사적 진리가 되지 않을 수 없다.

과학도들이 역사 현상에 관심을 갖게 되면서 역사적 현상을 과학적으로 접근해 보고자 한다면 먼저 과학언어라고 하는 수학의 논리를 역사의 논리로 확장시켜 주는 작업을 해야 할 것이다. 변증법적 수학을 만들어 내라는 것이 내가 포항공대생들에게 남겨 주는 과제이고 꿈이다.

실천철학의 마지막 강의에서 내가 포항공대생들에게 심어 주고 싶은 것은 우리 역사에 대하여 진보주의자가 되어 보라는 것이다. 나중에 사회에 나가서는 이공계 출신들 대부분은 보수주의자가 될 것이나. 이공계 출신들의 사회적 역할이 그럴 수밖에 없다는 뜻이다. 그러므로 대학시절에서만이라도 진보주의자가 되어 보는 것은 의미 있고 중요하다는 생각이다.

실천철학의 주제 강의는 "이공계 출신이 정치를 하면 더 잘할 수 있다"라는 것을 전제로 하여 시작했다. 포항공대 출신 중에서 미래의 정치지도자가 나올 가능성을 생각한다는 뜻이다. 그런 가능성의 실현을 위해서는 이공계 학생들이 진보주의를 선택하여 우리 역사의 문제를 토론하는 연습을 해야 하며, 그런 토론의 과정에서 미래의 정치지도자가 될 소수의 학생들이 발견될 수 있다는 것이다.

우리 역사를 진보주의적 관점에서 본다는 것은 지금의 분단시대를 청산하고 통일시대로 나아가는 것이 우리 역사의 진보라고 판단하는 것이다. 일제시대에 보수주의자가 된 사람들은 우리 민족이 일제 식민지로부터 독립해야 할 이유가 없다고 생각했다. 지금의 보수주의자들은 남북이 통일되어야 할 이유가 없다고 한다. 통일의 부담이 너무 크며, 통일된 조국이 지금보다 더 살기 좋은 세상을 약속할 것 같지도 않다고 한다.

분단시대가 우리에게 강요하는 부담은 어떠한가? 남북의 대치상황과 이념적 갈등은 언제라도 또 하나의 전쟁으로 이어질 수 있다. 그런 전쟁 가능성 때문에 남북은 엄청난 군사비용을 부담해야 한다. 남과 북의 경제적 차이도 갈등의 요인이 된다. 가난한 북쪽에 대하여 남쪽이 무관심할 수 없다. 민족이 다른 이웃 나라의 관계일지라도 경제적 차이가 너무 심하면 서로 영향을 받게 된다. 또한, 지금의 분단시대는 우리가 선택한 것이 아니라 우리에게 강요된 것이었다는 사실도 중요하다. 남북이 서로 다른 강대국의 지배를 받고 있다는 사실은 그들 강대국들의 갈등이 우리의 갈등이 되어 언제라도 또 다른 대리전쟁을 치러야 할 불안한 상태를 벗어날 수 없다는 것이다. 우리를 지배하기 위해서 두 강대국들이 남북을 나누어 놓은 것이기 때문에, 분단시대가 지속되는 한 우리는 그들의 지배를 벗어날 수가 없다는 것이다.

분단시대를 벗어나야 할 이유가 많은 것처럼 남북이 통일을 해야 할 이유도 많다. 일제 식민지시대가 분단시대로 이어졌다는 것은 독립이 아닌 해방으로 역사의 시대가 바뀐 때문이었다. 분단시대가 통일시대로 바뀔 때 우리는 독립을 말할 수 있을 것이다. 우리 스스로가 역사의 주인이 되어 통일시대를 만들어 갈 수 있을 것이다. 분단시대에서 통일시대로 나아가는 것은 분명 우리 역사의 진보를 말한다.

그러나 통일시대를 열어 가기 위해 넘어야 할 산들은 너무 많다. 남북 양편에서 유능한 정치지도자가 나와야 한다. 집단적으로 유능한 정치지도자들이 나와야 할 것이다. 지금의 정치가들 중에는 그런 사람이 없다. 다음 세대, 아니면 그다음 세대에서 그런 지도자 집단이 나올 수 있을지 모른다. 그런데 통일 시대를 열어 갈 유능한 정치지도자라면 이상주의자이면서 진보주의자이어야 할 것이며 정치적 전략에 뛰어난 사람이어야 할 것이다. 이공계 출신이 정치를 더 잘할 수 있다는 전제는 특히 그런 전략면에서 이공계 출신이 유리할 수 있다는 것을 함축한 것이었다.

포항공대생들 중에서 우리의 통일 시대를 열어 줄 정치 지도자들이 나올 수 있다는 꿈을 실천철학의 마지막 강의에서 심어 주고 싶다는 뜻이다. 물론 이런 꿈을 말하는 나의 마지막 강의는 포항공대의 강의실이라는 시공간 안에서만 유의미하게 전달되는 것이 아니다. 강의를 들은 학생들을 통해서 전달이 되어 더 넓은 시공간으로 퍼져 나갈 수도 있다. 따라서 그것이 마지막 강의라는 사실이 중요한 것은 아니다. 우리 세대의 꿈을 지금의 대학생 세대에게 전해 주는 역사적 연결의 의미가 중요한 것이다. 논리철학의 꿈, 역사철학의 꿈, 그리고 실천철학의 꿈이 역사적으로 이어져 갈 수 있게 하는 마지막 강의가 될 수 있다는 사실이 중요한 것이다. 이공계 학생들만을 대상으로 한 포항공대에서의 철학 강의는 충분히 그런 마지막 강의를 기대해 볼 수 있게 하는 것이었다. 언제나 새로운 도전이었으며, 축복이었다.

한국의 철학을 다시 생각한다

1. 우리의 철학을 다시 생각하게 하는 문제 하나

지금 우리의 대학생들은 철학 강의에 관심이 없다. 철학사의 지식을 전하는 강의는 재미가 없다고 한다. 그런 정보는 다른 방법으로도 충분히 쉽게 구할 수 있다는 것이다. 전공과목으로서 철학사 강의는 있어야 하지만, 다른 철학 강의까지 철학사적인 형식과 내용으로 강의한다는 것은 철학을 외면하게 하는 원인이 되고 있다.

철학 강의는 꼭 듣고 졸업해야 한다는 생각이 대학 사회에 일반화되게 하는 철학 강의가 되어야 한다.

철학 강의를 들으면 비판 능력이 생기고, 관습적으로 믿어 왔던 것들을 하나씩 비판해 보는 날카로운 분별력과 예리한 판단력이 생긴다는 생각을 하게 해야 한다.

그러한 비판 능력의 바탕이 되는 것은 철학에서 배우는 논리적 사유라는 것을 이해하게 해야 한다. 이것은 논리적으로 논쟁하고, 논리적으로 합의를 이끌어 내는 능력을 말한다. 논리적으로 생각하게 됨으로써 논리적이고 설득력 있는 글을 쓸 수 있게 되는 것을 말한다.

또한 철학 강의를 들으면, 넓은 안목으로 세상을 볼 수 있게 되어야 한다. 여러 가지 관점에서 문제를 볼 수 있는 신중함을 배워야 하며, 그러면서도 문제를 깊이 있게 생각해 볼 수 있어야 한다. 깊이 있게 생각한다는 것은 논리에 따라서, 논리의 한계에까지 철저하게 생각을 이어 가 본다는 것이다.

철학 강의를 들으면 우리 시대, 우리 역사, 우리 사회, 우리 문화를 새롭게 보는 마음의 눈이 생기게 되어, 우리의 세상을 다르게 볼 수 있어야 한다. 자신의 전공에 관계 없이 대학 시절에 겪어야 하는 성장의 과정이 된다는 것이다. 성장의 고통이 될 수도 있는 것이다. 새롭게 태어나는 체험이 될 수도 있다는 것이다.

그런 사유의 체험을 통하여 얻게 되는 것이 독자적으로 생각하는 능력이다. 자신의 주관을 논리적으로 세울 수 있는 능력이다. 다른 사람의 철학을 교조적으로 받아들이는 것이 아니라, 자신의 철학을 자신의 논리로 주장해 보고자 하는 자신감을 얻게 된다는 것이다. 그런 독자적 철학을 시도하는 데서 창의적 철학이 나올 수 있다는 것을 보여 주는 것이 철학 강의의 목표라고 할 수 있다.

2. 우리의 철학을 다시 생각하게 하는 문제 또 하나

우리 사회, 우리 문화의 모든 영역에서 철학을 필요로 하고 있는데 반해, 우리 철학계는 침묵을 지켜왔다. 철학의 빈곤이 온갖 문제의 원인이 되고 있다는 소리가 높지만 철학이 아무런 도움을 주지 못하고 있다.

우리의 정치계가 이처럼 한심한 작태를 보이는 것은 철학이 없기 때문이다. 진보주의를 말하면서도 아무런 비전을 제시하지 못하고 있다. 전략이 없는 공허한 이념을 말하는 것은 현실역사에 대한 철학적 안목이 없기 때문이다. 현실역사와 무관한 이념이 관념화되었기 때문이다. 철학이 없으므로 우리의 정치판은 말장난으로 말싸움만 하는 난장판이 되어 버렸다.

우리 문학이 아직 노벨상을 수상하지 못한 것은 번역이 부족하기 때문이라고 한다. 그러나 좀 더 솔직한 이유를 들자면 우리 문학이 철학에 약하기 때문이라고 인정해야 한다. 번역을 할 만큼 심오한 철학적 내용의 작품이 없기 때문이다. 우리 영화가 작품상을 받지 못하는 것도 시나리오의 내용이 부족하다는 것을 말해 준다. 철학적 문제의식이 약하고 철학적 무게가 없는 작품이라는 것이다. 우리 역사와 우리 문화를 대변하면서도 보편적으로 받아들일 수 있는 철학적 메시지를 내용으로 하는 작품이 창작되지 않기 때문이다.

우리의 미술계, 우리의 음악계 등이 비리로 얼룩지게 된 것도 철학의 문제라고 할 수 있다. 작품에 대한 평가를 제대로 해 줄 철학이 없기 때문이라는 것이다. 예술철학이 그런 평가의 기준을 마련해 주지 못했기 때문이다. 무엇이 기교이고, 무엇이 예술인지를 구별할 수 있게 해야 한다. 무엇이 상품이고, 무엇이 작품인지를 구별할 수 있게 해야 한다. 무엇이 장난이고, 무엇이 창작인지를 구별할 수 있게 해야 한다. 그런 평가기준으로 우리의 예술계를 지켜 주는 사람들이 없기 때문에, 상품적 가치를 예술적 가치로 혼동하게 만드는 사기 집단이 예술계를 시장화하여 마비시키고 있는 것이다. 그런 사기 행각에 정치권력과 언론까지 이용되고 있는 것 역시 철학적 판단능력이 없기 때문이다.

언론이야말로 우리 사회를 바로 이끌어 가는 데 큰 몫을 해야 한다. 우리 사회, 우리 문화의 병폐를 정확하게 진단하여 치유할 수 있는 길을 제시해 주어야 한다. 철학적 안목과 예리함이 필요한 언론의 역할이다. 그런데 우리의 언론에는 그런 철학이 없다. 철학적 바탕이 없다. 보도기사도 그렇고, 특히 논설, 사설, 특별칼럼의 내용이 대체로 빈약하다. 논리가 약하다. 피상적이고 편협하다. 비약이 너무 심하다. 철학이 약한 언론의 병이라고 하지 않을 수 없다.

결국 모든 것이 철학교육의 문제로 돌아오고 마는데, 우리의 교육현장은 철학을 외면하고 있다. 대학 교육에서 철학이 소외되고 있는 것은 철학계의 책임이라고 봐야 한다. 우리 교육에서 철학이 문제가 된다는 것도 그것이 교육철학의 문제라고 할 때 철학의 참여를 문제시하지 않을 수 없다. 철학이 교육 문제에 관심을 보였어야 한다는 것이다. 철학교육을 위해서가 아니라, 먼저 교육철학을 위해서 철학이 참여해야 한다는 것이다. 우리 교육의 새신은, 아니, 개혁은 교육정책의 문제이면서 더 근본적으로는 교육철학의 문제라는 것을 의식하게 해야 한다는 것이다. 특히, 초등교육과 중등교육에서는 도덕교육이나 윤리교육을 책임지는 것으로 교육에 대한 철학의 역할을 다한 것처럼 생각해 온 소견을 벗어나야 한다. 철학교육으로 말하자면 초등, 중등교육이 대학에서의 철학교육과 이어져야 하는 것으로 이해하고 접근해야 한다. 그런 적극적 관점으로 철학교육을 넘어선 교육철학 전반에 관한 참여의 의지를 보여야 한다는 것이다.

철학을 필요로 하는 또 한 가지 문화 영역은 종교이다. 종교가 우리 사회와 문화에 미치는 영향은 결코 과대평가할 수가 없다. 그만큼 크게 영향을 미치고 있다. 하지만 우리의 종교들이 우리 시대와 우리 문화에 맞는 정신적 지도의 역할을 하고 있느냐를 문제시하지 않을 수 없다. 문화의 역사가 발전한 만큼 종교의 메시지도 그 내용과 표현 언어에서 함께 성숙해 가야 한다. 종교의 교리와 언어를 재검토하는 작업이 필요하다는 뜻이다. 역사와 문화에 너무 뒤떨어진 종교가 독단과 독선으로 보이고, 광신과 위선이 되어 버린 것은 아닌지 비판해 봐야 한다. 철학적 비판이 필요한 것이다. 특정 종교의 교단 안에서 하는 철학적 비판이 될 수도 있고, 교단 밖에서 하는 철학적 비판이 될 수도 있다.

3. 우리의 철학이 침묵하게 된 까닭

우리는 너무 오랫동안 철학을 학습하는 것으로 만족해 왔다. 누구에게나 학습의 단계는 필요하다. 그러나 거기에 머물러 있을 수는 없다. 우리 철학계로서도 그런 학습의 단계는 불가피 했었다. 하지만 우리는 너무 오래 거기에 머물러 있었다. 철학사에서 이름을 남긴 철학자들을 학습하는 일에만 전념해 왔다. 현존 철학자들에 대해서는 주로 외국 철학자들을 학습하는 데 관심을 두어 왔다. 그러다가 자기 마음에 맞는 철학자에 집중하면서 교조주의자가 되기도 했다. 철학을 학습으로 하는 과정은 대학 학부와 대학원 초기 정도로 끝내야 한다. 철학도에서 철학자로 성숙하는 비약이 일어나야 한다는 것이다.

우리는 또한 철학자가 되어서도 연구논문에 너무 집착해 왔다. 학문적 업적 평가를 위해서 필요한 연구논문이기 때문이다. 학문적 성숙을 위해서도, 자신의 전문분야를 더욱 깊이 있게 탐구해 가는 작업으로도 필요한 일이다. 하지만 연구논문은 자기 분야에서 깊이를 더해 줄 수는 있어도 폭을 넓혀 주지는 못할 수 있다. 연구자로서는 훌륭한 철학자가 되면서도 강의자로서는 부적절한 철학교수가 될 수 있다. 연구논문으로 직접 강의할 수 있는 수준은 대학원 과목의 일부에만 해당한다. 그런 분별이 없이 연구논문으로 강의하게 되면 학생들에게 너무 전문적인 철학을 강요하게 되는 것이다. 너무 전문적이기 때문에 어렵게 되는 것을 철학의 심오함 때문에 어려운 것으로 착각하기도 한다.

철학은 보편적 진리를 말해야 한다는 생각도 우리의 철학적 성장에 걸림돌이 되었다. 철학 강의는 이미 보편화된 철학사상을 내용으로 해야 한다고 생각하게 한 것이었다. 독자적인 문제의식으로 철학 강의의 주제를 결정한다는 것이 철학의 보편성에 위배되는 것처럼 주저하게 한 것이었다. 철학 강의가 사유실험의 장이 될 수 있다는 사실을 믿을 수 없었다. 그런 사유 실험을 통하여 특수한 문제로 제시되었던 주제가 보편적인 철학사상으로 발전해 갈 수 있다는 것을 감히 내세울 수가 없었다.

우리는 철학의 비판적 기능만으로도 충분한 철학적 작업이 될 수 있는 것으로 생각해 왔다. 철학사에서 인정된 업적이나 현존 철학자로서 인정을 받고 있는 사람의 업적에 대하여 설득력 있는 비판을 하는 것만으로도 우리의 철학적 작업을 평가받을 수 있었다. 하지만 엄밀하게 말하자면 그것은 학습적 작업에 지나지 않는 것이라고 해야 한다. 기존의 학설을 비판하는 것은 대안적 사유를 하기 위함이다. 독자적인 자기주장으로 나아가기 위함이다. 그런 독자적 주장은 실험적일 수 있다. 비판을 받아서 완성될 수 있는 실험적 단계의 발상일 수 있다. 이런 실험적 주제가 강의실에서도 토의될 수 있어야 하고, 철학 학회에서도 논의될 수 있어야 하는데 우리의 철학 풍토는 그런 점에서 문을 열어 주지 못했다. 우리 스스로가 독자적이고 창조적인 철학의 주장을 내세울 수 있게 하는 학문적 분위기를 만들어 내지 못했다.

우리에게는 학문적 순결주의 같은 것이 있다. 학문적 외도를 부도덕한 행위인 것처럼 거부하는 의식과 무의식이 있다. 철학자는 권력을 탐해서 관직을 맡는 일을 거절할 수 있어야 한다. 명예를 좋아해서 언론타기를 하는 것도 자제할 수 있어야 한다. 철학자는 투기를 해서도 안 되며, 기업인과 손잡는 일 따위는 멀리할 수 있어야 한다. 철학자는 마땅히 철학자로서 할 수 있는 일과 할 수 없는 일을 엄격히 구별하여 처신해야 한다. 이런 것이 철학적 순결주의자라고 할 수 있는 제재조건들이다. 모든 학문에 적용되는 학문적 순결주의라고 할 수 있다. 문제는 이러한 순결주의가 우리 철학자들에게 더욱 강한 의식으로 작용해 옴으로써 철학자로서 할 수 있고 해야 할 참여의 범위를 너무 축소해 버렸다는 것이다. 철학을 요청하는 온갖 현장의 목소리를 거부함으로써 철학이 외면당하는 결과를 초래했다는 것이다.

이런 학문적 순결주의의 연장으로 생각할 수 있는 것이 현실참여를 거부한 도피주의이다. 보수주의이다. 우리의 문학인들과 예술인들, 동료 교수들이 참여하고, 우리의 대학생들이 앞장서서 희생을 감수하는 민주화 운동의 현장을 철학자들은 피해 왔던 것이다. 철학은 구체적인 역사의 현장으로부터 초연할 수 있다고 생각했기 때문이었다. 철학자의 침묵을 이해할 수 없다는 동료 지성인들의 지적을 받으면서도 우리는 학문적 순수성을 내세워 현실참여를 외면할 수 있었다.

4. 우리 철학의 가능성

우리 철학이 소생할 수 있는 가능성은 그동안 축적되고 다져진 우리 철학자들의 능력에서 찾을 수 있다. 철학자의 세대가 바뀌면서 관심과 역할이 바뀐 데서 찾을 수 있다. 지금의 우리 시대, 우리 역사, 우리 사회, 우리 문화가 필요로 하는 철학으로 소생할 수 있는 가능성을 여러 가지 측면에서 기대해 볼 수 있다.

우리 철학은 논리에 강하다. 논리적으로 말이 안 되는 논문 발표는 우리 철학회 어디에서도 그 예를 찾아볼 수 없다. 대충 준비한 요약문으로 중언부언하는 발표는 어넌 철학회에서든 허용되지 않는다. 완전한 문장으로 쓴 글을 그대로 읽어서 발표하는 것은 이제 우리 철학계의 전통이 되었다. 이런 전통 때문에 지금 우리 철학은 논술교육에 크게 도움을 주고 있다. 국어교육이 논술교육으로 발전된 것은 논리적인 글을 쓸 수 있어야 한다는 문화적 요청 때문이다. 우리 문화의 모든 영역이 필요로 하는 성숙의 단계이기 때문이다. 글을 논리적으로 쓰게 되면서 생각도 논리적으로 하게 되고, 그런 논리를 따라서 생각을 깊게 하고 넓게 하는 철학적 사유도 익히게 되기 때문이다.

우리 철학계를 지역별로 볼 때 어느 지역에서든 다양한 배경의 철학자들이 함께 있다는 사실을 확인할 수 있다. 그런 철학자 집단에서 철학자마다 독자적 문제제기를 하여 서로가 토론하고 협력한다면 그야말로 집단적인 창작이 가능할 것이다. 새로운 철학 이론, 철학사상, 철학 문제, 철학 세계를 볼 수 있게 할 것이다. 그동안의 철학 학습과 전문분야의 연구 업적이 바탕이 되어 독자적이고 창조적인 철학으로의 비약을 가능하게 할 것이다. 이런 작업이 지역별로 지역마다 가능하다는 사실은 더욱 중요하다.

우리 철학계에는 벽이 없다. 배타적인 집단이 없다. 지배적 집단이 없으므로 집단 간의 대립이나 경쟁이 없다. 자유로운 교류가 가능하며, 언제든 협동하여 작업할 수가 있다. 집단별로, 지역별로 성취해 가는 독자적 · 창조적 작업의 결과를 서로 나누면서 협력할 수 있는 문은 어디서나 열려 있다. 이러한 다원성과 개방성은 지금 우리 철학계의 가장 큰 힘으로 작용할 것이다.

지금 우리 문화계는 철학의 빈곤을 인식하고 있다. 철학이 창조적 작업에 참여해 줄 것을 기대하고 있다. 철학자-예술인이 나와야 한다. 철학자-문학인도 나와야 한다. 철학자-언론인도 나와야 하고, 철학자-종교인도 나와야 한다. 철학자가 평론가가 되는 것은 당연시하겠지만, 철학자가 창작 예술가가 되고, 시나리오 작가가 되고, 영화감독이 된다는 것은 예외적이라고 할 것이다. 하지만 우리 철학의 미래는 그런 영역으로까지 철학이 확장되는 것을 예측하게 한다. 우리 철학의 젊은 세대에는 그런 역량의 철학자들이 보이고 있다. 그들을 지원해 주는 철학계의 풍토도 이미 다져지고 있음을 볼 수 있다.

우리 역사가 우리 철학에 요청해 오는 것은 지금의 분단 시대를 통일 시대로 발전시켜갈 철학적 작업이다. 이념적 작업이다. 지금 우리 철학계에는 당장에라도 북쪽의 철학자들과 만나서, 서로를 이해하는 입장에서 통일 시대의 이념문제를 논할 수 있는 철학자들이 있다. 그런 세대의 철학자 집단이 있다. 우리 역사를 주도해 갈 수 있도록 준비해 오고 성숙해 온 철학자들 집단이 있다. 철학의 빈곤 때문에, 이념적 갈등과 혼란 때문에 통일 시대가 미루어지는 불행은 없으리라고 믿게 한다.

우리 철학이 소생하리라는 것은 역사적 당위성으로도 예측할 수 있다. 서구문명과 문화가 지배적이었던 시대를 벗어나고 있는 지금의 역사적 시대가 그것을 말해 준다. 한 시대가 끝나고 새로운 시대가 시작되는 전환기의 역사가 우리 철학의 입지를 말해 주기 때문이다. 서구적인 것과 동양적인 것을 우리의 문화유산으로 함께 하면서 새로운 시대의 문화 창조를 위한 철학적 바탕을 만들어 내는 작업을 말한다. 이처럼 창조적 작업이 요청

되는 역사와 문화의 전환기를 살아야 한다는 것은 행운이다. 뿐만 아니라 그런 창조적 작업을 해내어야 하는 것이. 역사적 당위성으로 오늘 우리 철학에 부여된 과제라는 것은, 그것을 수행해 낼 수 있는 저력이 우리 철학계에 준비되어 있음을 의미하는 것으로 믿어도 좋을 것이다.